VEGETARIANISMO E OCULTISMO

C. W. Leadbeater
Annie Besant

VEGETARIANISMO E OCULTISMO

Editora Teosófica
Brasília-DF

The Theosophical Publishing House
1ª edição 1913
7ª reedição 1984
O Vegetarianismo à Luz da Teosofia
Lisboa, Edição do Ramo Maitreya

Edição em Português
1992, 1995, 2012, 2020

Direitos Reservados à
EDITORA TEOSÓFICA,
SIG-Setor de Indústrias Gráficas
Quadra 6, nº 1235
70.610-460 - Brasília - DF
Fone.: (61) 3226-7843
E-mail: editorateosofica@editorateosofica.com.br
Site: www. editorateosofica.com.br

L 433

Leadbeater, C. W. (Charles Webster), 1854-1934.

Vegetarianismo e ocultismo / C.W. Leadbeater, Annie
Besant. Brasília: Editora Teosófica, 2020.

ISBN 85-85961-60-0

1. Ocultismo.2. Vegetarianismo. I. Besant, Annie.

CDD 613.262   CDU 613.261

Revisão:	Zeneida Cereja da Silva
Revisão Técnica:	Dr. Fernando Genschow e Dra. Jane Dullius
Capa:	Fernando Lopes
Diagramação:	Rainbow - Fone: (61) 3344-3101
Impressão:	Gráfika Papel e Cores
	E-mail: papelecores@gmail.com

SUMÁRIO

Prefácio à Edição Brasileira 7

Vegetarianismo e Ocultismo 11

- Queremos o Melhor 16
- Mais Nutritiva 19
- Menos Doenças 27
- Mais Natural para o Homem 33
- Maior Resistência 35
- Menos Paixão Animal 41
- Economia 43
- O Pecado do Abate 45
- A Degradação do Magarefe 47
- Razões Ocultas 50
- Veículos Impuros 53

- O Dever do Homem para com a Natureza 56
- Horrendos Resultados Invisíveis.....................59
- O Tempo Melhor que Está por Vir 63

O Vegetarianismo à Luz da Teosofia....................67

- O Lugar do Homem na Natureza 72
- Influência Sobre os Mundos Sutis e
  Responsabilidade 79
- O Objetivo na Vida e a Purificação do
  Corpo, Emoções e Pensamentos 90

PREFÁCIO À EDIÇÃO BRASILEIRA

Nesta obra, procuramos reunir dois trabalhos sobre o vegetarianismo, apresentados por dois grandes estudiosos da Filosofia Esotérica: C.W. Leadbeater e Annie Besant. Esse sistema, mais do que uma prática alimentar, preconiza o respeito à Natureza e ao que é saudável e natural através da tentativa de causar o menor dano possível aos animais e mesmo ao ser humano, diminuindo o sofrimento desnecessário causado aos reinos inferiores por uma errônea visão do homem sobre sua relação para com estes.

Em geral, a literatura a que se tem acesso na língua portuguesa não nos oferece muitos subsídios a respeito dos aspectos mais ocultos dessa atitude, a respeito das energias mais sutis que compõem o mundo e de como são influenciadas pela produção e consumo de alimentos. Esta concisa obra vem, em parte, suprir esta lacuna.

Apesar de escritos entre 1913 e 1920, suas abordagens permanecem atuais, pois as leis da Natureza, ocultas ou não, são imutáveis. Para estar de acordo com os conhecimentos científicos mais recentes e esclarecer certos pontos pouco conhecidos, acrescentamos notas (N.E.) para facilitar a compreensão do leitor. Isso foi feito principalmente no que diz respeito aos aspectos técnicos sobre nutrição e bioquímica. Também procurou-se elucidar aspectos da constituição humana numa perspectiva da filosofia ocultista.

O primeiro texto – que dá título ao livro – obteve sete reedições na língua inglesa. É uma obra de Leadbeater bem conhecida e respeitada. Na primeira parte, ocupa-se de demonstrar que grandes cientistas e doutores da época corroboravam ser o vegetarianismo uma alimentação mais ética e saudável. Porém, mais importante que estes motivos, mostra que as razões ocultas deveriam ser conhecidas e levadas em consideração. Assim, destaca algumas destas, fornecendo explicações úteis e claras. Da mesma forma, salienta nossas atitudes e responsabilidades em relação a nós mesmos e aos demais.

O segundo texto baseia-se em uma palestra proferida por A. Besant, na Inglaterra, que foi transformada em um pequeno opúsculo, ao qual acrescentamos subtítulos, dando uma ideia básica dos temas abordados. A autora destaca e comenta alguns aspectos do vegetarianismo em uma perspectiva teosófica – sendo a teosofia aquela "Sabedoria Divina" ou conhecimento vivencial profundo que se expressa nos princípios das verdadeiras religiões, filosofias e ciências, e que é a fonte que o ocultista busca experenciar, a Tradição-Sabedoria.

O vegetarianismo é uma prática antiga, presente em diferentes tradições. Está evidenciado no primeiro grau das Escolas de Mistério que trata da purificação; é indicado para tornar possível a boa meditação e o *Yoga*; interfere na constituição dos corpos físico e sutis do ser humano; está relacionado a *ahimsa*, a não violência, um passo preliminar e prioritário no caminho da espiritualidade. No entanto, ninguém pode considerar-se melhor do que outro pelo simples fato de ser vegetariano; a espiritualidade, a qualidade de vida e o verdadeiro ocultismo implicam uma relação harmônica de vários fatores, um conjunto de atitudes, qualificações e motivações. Assim, nesse sentido mais amplo, vale salientar que embora o vegetarianismo seja uma prática de não violência – e portanto esteja associado à espiritualidade –, um homem não deixa de ser violento apenas porque é vegetariano. A superação da agressividade humana exige soluções bem mais complexas que a mera adoção de uma prática alimentar.

Outras abordagens podem e devem ser feitas à alimentação vegetariana – como do ponto de vista da dietética, da ecologia, da economia, das religiões e filosofias, da ética, da filosofia etc. – bem como certamente há muito mais a dizer sobre o ocultismo. Contudo esta obra proporciona uma ótima introdução aos aspectos ocultos do vegetarianismo, que deveria ser mais uma atitude ética perante a vida do que uma simples questão de opção alimentar.

Tome-se esta abordagem como uma hipótese para nossa reflexão a respeito de nossas posturas frente à vida.

A Editora.

C.W. Leadbeater

VEGETARIANISMO
E
OCULTISMO

Ao mencionarmos a relação entre vegetarianismo e ocultismo pode ser bom começarmos pela definição de nossos termos. Todos sabemos o que significa vegetarianismo e, ainda que existam vários tipos do mesmo, não é necessário discuti-los. Vegetariano[1] é aquele que se abstém de ingerir alimentos cárneos. Existem alguns que admitem os produtos animais obtidos sem destruir a vida do animal como, por exemplo, o leite, a manteiga e o queijo. Há outros que se restringem a certas variedades de vegetais: frutas e nozes, por exemplo; há outros que preferem somente aqueles alimentos que podem ser ingeridos sem serem cozidos; outros não comerão alimentos que crescem sob a terra, tais como batatas, nabos, cenouras etc. Não precisamos considerar estas divisões, mas simplesmente definir o vegetariano como aquele que se abstém de qualquer alimento

---

[1] Atualmente se utiliza a seguinte classificação:
"Vegetariano" - aquele que se abstém de ingerir quaisquer alimentos de origem animal;
"Vegetarista" - aquele que admite o uso de certos produtos de origem animal, tais com laticínios, ovos e mel. (N.E.)

que é obtido através do abate de animais, naturalmente incluindo aves e peixes.[2]

Como podemos definir ocultismo? A palavra é derivada do latim *occultus*, oculto; portanto é o estudo das leis ocultas da Natureza. Uma vez que todas estas grandes leis da Natureza estão, de fato, operando muito mais no mundo invisível do que no visível, o ocultismo envolve a aceitação de uma visão mais ampla da Natureza do que aquela tomada comumente. O ocultista, então, é um homem que estuda todas as leis da Natureza que possa alcançar ou sobre as quais possa ouvir, e, como resultado de seu estudo, identifica-se com estas leis, devotando sua vida ao serviço da evolução.

Como o ocultismo considera o vegetarianismo? Considera-o muito favoravelmente, por várias razões, que podem ser divididas em duas classes: aquelas que são comuns e físicas e aquelas que são ocultas ou escondidas. Existem muitas razões a favor do vegetarianismo que se colocam aqui no plano físico e que são evidentes aos olhos de qualquer um que se dê ao trabalho de examinar o assunto; e essas irão influenciar o estudante de ocultismo ainda mais fortemente do que o homem comum. Além disso, o estudante de ocultismo sabe de outras razões que procedem do estudo destas

---

[2] Desta maneira, no contexto da presente obra, englobando os ovolactovegetarianos no universo do vegetarianismo. (N.E.)

leis ocultas, as quais são ainda tão pouco compreendidas pela maioria da humanidade. Devemos, portanto, dividir nossa consideração destas razões em duas partes, tomando em primeiro lugar a comum e física.

Mesmo estas razões comuns devem ser, por sua vez, subdivididas em duas classes – a primeira, abrangendo aquelas que são físicas e, por assim dizer, egoístas; a segunda, aquelas que podem ser descritas como as considerações morais e não egoístas.

Primeiro, portanto, examinemos as razões a favor do vegetarianismo que consideram apenas o próprio homem e que são exclusivamente do plano físico. Para o momento, colocaremos de lado a consideração dos efeitos sobre outros – os quais são tão infinitamente mais importantes – e pensaremos apenas nos resultados para o próprio homem. Isso se faz necessário porque uma das objeções frequentemente colocadas contra o vegetarianismo é a de que é apenas uma bonita teoria, de aplicação impraticável, uma vez que se supõe que o homem não pode viver sem comer carne. Esta objeção é irracional e está fundada sobre a ignorância ou perversão dos fatos. Eu próprio sou um exemplo desta falsidade, pois tenho vivido sem a poluição de alimentos cárneos – sem carne, peixe ou galinha – pelos últimos trinta e oito anos e não apenas ainda sobrevivo, mas tenho tido durante todo este tempo uma excepcional saúde. E não sou, de forma alguma, peculiar nisso, pois conheço algumas centenas de outras pessoas que têm feito a mesma coisa. Conheço jovens que se sentem muito felizes por não terem sido poluídos com uma alimentação à base de carne durante todas suas vidas, e eles são distintamente mais livres de doenças do que aqueles que comem tais coisas. Certamente existem muitas razões a favor do vegetarianismo do ponto de vista puramente egoísta, e colocarei estas em primeiro lugar porque sei que serão um apelo mais forte para a maioria das pessoas, ainda que, espero, no caso daqueles que estão estudando teosofia, possamos supor que as considerações morais que aduzirei mais tarde exerçam uma influência mais poderosa.

Queremos o Melhor

No caso da alimentação, como em qualquer outra coisa, todos nós queremos o melhor que estiver dentro de nossas possibilidades. Gostaríamos de levar nossas vidas e, portanto, nossa alimentação diária, como uma parte não sem importância, em harmonia com nossas aspirações, com o mais elevado que conhecemos. Deveríamos ficar contentes ao escolher o que é realmente o melhor e, se ainda não soubéssemos o suficiente para sermos capazes de apreciar o que é o melhor, então deveríamos ficar contentes em aprender a fazê-lo. Se pensássemos nisso, poderíamos ver que este é o caso em relação a outras artes como, por exemplo, na música, arte ou literatura. Tem-nos sido dito, desde a infância, que se quisermos ter nosso gosto musical desenvolvido ao longo das melhores linhas, precisamos selecionar somente as melhores músicas. Se no início não as apreciarmos totalmente ou não as compreendermos, deveremos estar dispostos a esperar pacientemente e a ouvir até que, após um período de tempo, alguma coisa de suas bonitas melodias seja percebida por nossas almas e comecemos a entender aquilo que no começo não despertava resposta alguma dentro de nossos corações. Se quisermos apreciar o melhor em arte não devemos encher nossos olhos com os folhetos policiais sensacionalistas ou com as repugnantes abominações mal denominadas de quadrinhos cômicos, mas devemos olhar firmemente e aprender até que o mistério do trabalho de Turner comece a desvelar-se para nossa paciente contemplação, ou a grandeza de Velazques esteja dentro de nosso poder de compreensão. O mesmo acontece com a literatura. Tem sido uma triste experiência para muitos o fato de que o melhor e mais belo seja perdido por aqueles cujo "alimento mental" consiste exclusivamente de escritos sensacionalistas, novelas baratas ou da inconsistente massa de material desperdiçado que é derramada como escória sobre o "metal fundido" da vida: novelas, seriados e fragmentos de um tipo que não ensina o ignorante, nem fortalece o fraco, nem desenvolve o imaturo. Se desejamos desenvolver a mente de nossas crianças, não as deixemos entregues ao seu próprio gosto não cultivado em todas estas coisas, mas tentemos ajudá-las a treinar este gosto, seja em arte, em música ou em literatura.

Então, evidentemente, procuraremos encontrar o melhor alimento tanto físico quanto mental e certamente devemos encontrar isso não através do mero instinto cego, mas aprendendo a pensar e a raciocinar sobre o assunto a partir do ponto de vista mais elevado. Podem existir no mundo aqueles que não desejam o melhor, que desejam permanecer nos níveis inferiores e que consciente e intencionalmente constroem para si mesmos aquilo que é grosseiro e degradante; mas, com certeza, existem muitos que desejam elevar-se acima disso, que tomariam alegre e avidamente o melhor se apenas soubessem o que é o melhor ou se sua atenção fosse direcionada para tal. Existem homens e mulheres considerados moralmente da mais alta categoria, que ainda são induzidos a alimentar-se como as hienas e os lobos, devoradores de vidas, e aos quais tem sido dito que, em suas necessidades dietéticas, está o cadáver de um animal assassinado. É preciso pensar apenas um pouco para vermos que este horror não pode ser o que há de mais elevado e puro, e que se desejamos nos elevar na escala da Natureza, se queremos que nossos corpos sejam puros e limpos como deve ser um templo do Mestre, devemos abandonar este repugnante costume e tomar lugar entre as nobres hostes que estão se esforçando pela evolução da humanidade – esforçando-se pelo mais elevado e o mais puro em todas as coisas, tanto para si mesmo quanto para seus companheiros. Vejamos em detalhe porque a dieta vegetariana é enfaticamente a mais pura e a melhor.

Mais Nutritiva

Primeiro: porque os vegetais contêm mais nutrientes[3] do que uma quantidade igual de carne. Isso soará como uma afirmativa surpreendente e inacreditável para multas pessoas, porque foram educadas a acreditar que não podem viver a menos que profanem a si mesmas com carne, e este engano está tão amplamente espalhado que é difícil despertar o homem mediano para isso. Deve-se compreender claramente que esta não é uma questão de hábito, sentimento ou preconceito; é simplesmente uma questão de um fato evidente e, em se tratando de fatos, não há e não pode haver o menor questionamento. Existem quatro elementos necessários na alimentação, todos eles essenciais para

---

[3] As carnes são menos ricas em variedade de nutrientes (tais como glicídios, vitaminas, minerais e ácidos graxos essenciais) do que os vegetais, e esses últimos são os principais fornecedores de energia em nossa dieta, devido à riqueza em glicídios. (N.E.)

reparar e construir o corpo: (a) proteínas ou alimentos nitrogenados; (b) carboidratos; (c) gorduras; (d) sais.[4] Esta é a classificação usualmente aceita entre os fisiologistas, ainda que algumas investigações recentes tendam a modificá-la em certa medida.

Não há dúvida de que todos estes elementos existem em maior quantidade nos vegetais do que na carne. Por exemplo, o leite, o queijo, as nozes, as ervilhas e os feijões contêm um grande percentual de proteínas ou matéria nitrogenada. O trigo, a aveia, o arroz e outros grãos, as frutas e a maioria dos vegetais consistem principalmente de carboidratos – isto é, de amidos e açúcares.[5] As gorduras são encontradas em quase todos os alimentos protéicos e podem também ser ingeridas em forma de manteiga ou de óleos. Os sais são encontrados praticamente em todos os alimentos em maior ou menor grau. São da maior importância para a manutenção dos tecidos do corpo, e aquilo que é cha-

---

[4] Atualmente, faz-se referência aos seguintes elementos:
a) compostos nitrogenados (proteínas e ácidos nucléicos);
b) carboidratos (ou açúcares, incluindo as fibras, que são moléculas complexas de glicídios não digeríveis pelo organismo humano, mas fundamentais para o bom funcionamento do aparelho digestivo – não encontradas nos alimentos de origem animal); c) lipídios (gorduras); d) sais minerais; e) vitaminas (algumas se incluem nas classes anteriores) e f) água. (N.E.)

[5] Em uma dieta vegetariana, são importantes fontes protéicas: as leguminosas - como feijões, ervilhas, lentilhas, grãos-de-bico, soja. amendoim etc. –, as frutas oleaginosas, castanhas de várias origens, nozes etc. –, algumas sementes como a de abóbora e a de gergelim –, e os cereais: arroz, aveia, cevada, centeio, milho, painço, trigo. (N.E.)

mado de fome salina[6] é a causa de muitas doenças. Algumas vezes se diz que a carne contém algumas destas coisas em maior grau do que os vegetais, e algumas tabelas são redigidas de tal forma a sugerir isso; mas uma vez mais, esta é uma questão de fatos e precisa ser encarada a partir deste ponto de vista.[7] A única fonte de energia na carne são as matérias protéicas e a gordura que ela contém[8], e como a gordura nela contida não possui mais valor do que outra gordura,[9] o único ponto a ser considerado é a proteína. Pois bem, é necessário lembrarmo-nos que as proteínas têm apenas uma origem: são organizadas em plantas e em nenhum outro lugar.[10] As nozes, as ervilhas e os feijões

---

[6] Deficiência de sais minerais no organismo. (N.E.)

[7] O reino vegetal, em termos alimentares, é muito mais rico em nutrientes do que o reino animal. Um ser humano vive muito bem exclusivamente com uma dieta vegetariana, porém terá dificuldades de sobrevivência com uma dieta estritamente animal. (N.E.)

[8] Hoje se sabe também da presença do glicogênio (um tipo de carboidrato), embora em quantidades relativas muito inferiores às proteínas e gorduras. (N.E.)

[9] As gorduras de origem animal, na verdade, são menos desejáveis, pois todas são saturadas, ou seja, podem promover o aumento do colesterol sanguíneo quando consumidas; enquanto que no reino vegetal encontramos ambos os tipos de gorduras e principalmente os óleos insaturados, ricos em ácidos graxos essenciais. Ex: a lecitina de soja. (N.E.)

[10] Hoje se sabe que os organismos animais também sintetizam proteínas. As proteínas são formadas por unidades menores, os aminoácidos. Estes são divididos em dois grupos: essenciais – porque não são sintetizadas pelo organismo humano ou quando o são, apresentam-se em quantidades insuficientes, e, portanto, precisam ser adquiridos na alimentação – e não essenciais – os mamíferos os sintetizam a

são ricos nestes elementos e têm a enorme vantagem de a proteína ser pura e, portanto, conter toda a energia originalmente acumulada durante sua organização. No corpo do animal estas proteínas, que ele absorveu do reino vegetal durante sua vida, estão constantemente passando para a desorganização, sendo que durante esta passagem a energia originalmente acumulada é liberada. Consequentemente aquilo que já foi usado pelo animal não pode ser utilizado por outro[11]. As proteínas são estimadas em algumas destas tabelas pela quantidade de nitrogênio que contêm, mas na carne existem muitos produtos derivados do metabolismo tecidual tais como a ureia, o ácido úrico e a creatina, os quais contêm nitrogênio e que são, portanto, estimados como proteínas, ainda que não tenham qualquer valor alimentício.[12]

Não é este todo o mal, uma vez que este metabolismo tecidual é necessariamente acompanhado da formação de várias toxinas, que são sempre encontradas

---

partir de componentes precursores. Segundo alguns autores, há alimentos de origem vegetal que contêm todos os aminoácidos essenciais (como a água de coco, a soja, a castanha-do-pará e outros), mas, em geral, são deficientes em um ou em vários destes elementos; decorre disso, também, a importância de utilizarmos combinações alimentares que enriquecem o valor nutritivo da dieta. (N.E.)

[11] Deve-se considerar a data em que tal texto foi escrito e os atuais conhecimentos científicos sobre a matéria acima versada. (N.E.)

[12] Realmente, esse era o entendimento da pesquisa laboratorial na época do autor, mas não atualmente. (N.E.)

em carnes de todos os tipos e, em muitos casos, a toxicidez desses resíduos metabólicos é bastante grande. Portanto, observaremos que se obtivemos alguma nutrição através da ingestão de carne, isso ocorreu porque o animal consumiu matérias vegetais durante a sua vida. Obtém-se menos desta nutrição do que se deveria, pois o animal já usou a metade dela, e ingerimos ao mesmo tempo várias substâncias indesejáveis e mesmo algumas toxinas ativas que são, naturalmente, nocivas. Sei que há muitos médicos que prescrevem a repugnante dieta carnívora para fortalecer as pessoas e que encontram muitas vezes certo grau de sucesso, ainda que mesmo neste ponto de forma alguma estejam de acordo, pois o Dr. Milner Fothergill escreve: "Todo o derramamento de sangue causado pela disposição guerreira de Napoleão nada é comparado com a perda da vida entre as miríades de pessoas que foram conduzidas à sepultura devido à enganosa confiança no suposto valor da carne". De qualquer forma, resultados de fortalecimento podem ser obtidos mais facilmente do reino vegetal quando a ciência da nutrição é apropriadamente compreendida e podem ser obtidos sem a horrível poluição e sem as indesejáveis concomitâncias do outro sistema. Deixem-me mostrar-lhes que não estou fazendo qualquer asserção infundada em tudo isso; deixem-me citar a opinião dos médicos, de homens cujos nomes são bem conhecidos do mundo da medicina; assim poderão ver que tenho abundante autoridade para tudo que disse.

Encontramos o Sr. Henry Thompson, (F.R.C.S.),[13] dizendo: "É um erro vulgar considerar a carne de qualquer tipo como necessária à vida. Tudo que é necessário ao corpo humano pode ser suprido pelo reino vegetal. (...) O vegetariano pode obter de sua alimentação todos os princípios necessários para o crescimento e a sustentação do corpo, bem como para a produção do calor e da força. Deve-se admitir como um fato acima de qualquer dúvida que algumas pessoas que vivem desta alimentação são mais fortes e mais saudáveis. Sei o quanto a predominante dieta carnívora não apenas é uma repugnante extravagância, mas uma fonte de sérios males ao consumidor". Esta é uma afirmação enfática feita por um médico bem conhecido.

Temos então que nos voltarmos para as palavras de um Membro da Sociedade Real, o Sr. Benjamin Ward Richardson (M.D.).[14] Diz ele: "Deve ser honestamente admitido que peso por peso, as substâncias vegetais, quando cuidadosamente selecionadas, possuem as mais extraordinárias vantagens sobre os alimentos cárneos em termos de valor nutritivo. Gostaria de ver um plano de vida vegetariano e frugívoro colocado em

---

[13] F.R.C.S. - Membro do Colégio Real de Cirurgiões. (N.E.)

[14] M.D. - Doutor em Medicina. (N.E.)

uso geral, e acredito que isto será feito!"

O bem conhecido médico, Dr. Willian S. Plaufair (C.B.),[15] disse muito claramente: "A dieta animal não é essencial para o homem"; e nos declara o Dr. F. J. Sykes. (B.Sc.),[16] o oficial médico de St. Pancras. escrevendo: "Nem a química nem a biologia são antagônicas ao vegetarianismo. Alimentos cárneos certamente não são necessários para suprir os produtos nitrogenados requeridos para a reparação dos tecidos; além disso, uma dieta bem selecionada do reino vegetal é perfeitamente correta do ponto de vista químico para a nutrição dos homens".

O Dr. Francis Vacher (F.R.C.S./F.C.S.)[17] observa: "Não acredito que o homem seja melhor física ou mentalmente por alimentar-se com carne".

O Dr. Alexander Haig, médico chefe de um dos maiores hospitais de Londres, escreveu: "Que é facilmente possível sustentar a vida com produtos do reino vegetal, não é preciso demonstrar aos fisiologistas, mesmo que a maioria da raça humana não esteja constantemente engajada em demonstrar isso, e minhas investigações mostram que não apenas é possível, mas que é infinitamente preferível em todos os sentidos e

---

[15] C.B. - Bacharel em Cirurgia. (N.E.)

[16] B.Sc. - Membro da Sociedade de Química. (N.E.)

[17] F.C.S. - Membro do Colégio de Cirurgiões. (N.E.)

que produz poderes superiores tanto mentais quanto para o corpo".

O Dr. Coomes. (M.F.)[18] concluiu um artigo científico no *The American Practioner and News* de julho de 1902, como segue: "Quero afirmar primeiro que a carne de animais de sangue quente não é essencial em uma dieta com o propósito de manter o corpo humano em perfeita saúde". Ele segue adiante e faz anotações complementares que serão citadas no próximo capítulo.

O Diretor da Faculdade de Medicina Jefferson College (Filadélfia) disse: "É um fato bem conhecido que os cereais como componentes da alimentação diária ocupam um lugar de destaque na economia humana; eles contêm nutrientes amplamente suficientes para manter a vida em sua forma mais elevada. Se o valor dos cereais como produtos alimentícios fosse melhor conhecido seria algo bom para a raça humana. Os povos nascem e crescem somente à base de cereais e já foi largamente demonstrado que a carne não é necessária".

Tem-se aqui algumas claras afirmações, todas obtidas de trabalhos de homens bem conhecidos que fizeram consideráveis estudos da química dos alimentos. É impossível negar que o homem pode viver sem esta horrível dieta carnívora e, além disso, que existem

---

[18] M.F. - Ministro da Alimentação. (N.E.)

mais nutrientes em uma quantidade igual de vegetais do que de carne. Poderia apresentar-lhes muitas citações, mas as acima mencionadas são suficientes e uma clara amostra do restante.

Menos Doenças

Segundo: porque muitas doenças sérias provêm deste repugnante hábito de devorar corpos mortos. Aqui, mais uma vez poderia facilmente lhes dar uma longa lista de citações, mas como antes, ficarei satisfeito com algumas. O Dr. Josiah Oldfield (M.R.C.S.),[19] (L.R.C.P.)[20] escreve: A carne é um alimento não natural e, portanto, tende a criar distúrbios funcionais. Da maneira que é consumida nas civilizações modernas, é contaminada com doenças tão terríveis (prontamente transmissíveis ao homem) como o câncer, a tuberculose, a febre, vermes intestinais[21] etc., em uma extensão enorme. É preciso pouco para perceber que comer car-

---

[19] M.R.C.S. - Membro do Colégio Real de Cirurgiões. (N.E.)

[20] L.R.C.P. - Licenciado no Colégio Real de Médicos. (N.E.)

[21] Há inexatidões nesta informação – mas deve-se lembrar que foi enunciada no princípio do século XX. "Febre" é um termo muito amplo; câncer não é transmitido por micróbios contidos nos alimentos, embora saibamos que uma série de aditivos químicos presentes nos alimentos – e entre eles a carne – possam levar ao aparecimento de células cancerígenas. E devemos considerar que uma das teorias médicas atuais diz que talvez alguns tipos de câncer pudessem estar relacionados à presença de certos tipos de vírus. (N.E.)

ne é uma das mais sérias causas das doenças que matam noventa e nove de cada cem pessoas que nascem".

O Sr. Edward Saunders nos diz: "Qualquer tentativa de ensinar à humanidade que bife e cerveja não são necessários à saúde e à eficiência é útil e conduzirá à economia e felicidade; e, assim que isso aconteça, acredito que ouviremos falar menos em gota, doença de Bright e problemas com o fígado e com os rins no primeiro caso, e menos brutalidade, pancada nas esposas e assassinatos no último. Acredito que a tendência é em direção à dieta vegetariana, que ela será reconhecida como conveniente e apropriada e que não está distante o tempo em que a ideia de alimentos cárneos será revoltante ao homem civilizado".

O médico Dr. Robert Christison (M.D.), afirma positivamente que "a carne e as secreções dos animais afetados com doenças carbunculares, da mesma forma que com o antraz[22], são tão tóxicas, e que aqueles que comem os produtos dos mesmos estão sujeitos a sofrer intensamente a doença, tomando a forma seja de inflamação do canal intestinal ou da erupção de um ou mais carbúnculos".

O Dr. A. Kingsford, da Universidade de Paris, diz: "A carne animal pode engendrar diretamente muitas

---

[22] Carbúnculo: doença infecciosa devida a uma bactéria (*Bacillus anthracis*), comum ao homem e aos animais, e que produz lesões nos órgãos, bacilemia e pústulas. Antraz: doença infecciosa transmitida ao homem por animais de criação que pode tomar a forma de inflamações cutâneas purulentas e contaminantes. (N.E.)

doenças dolorosas e repugnantes. A escrófula[23], esta fecunda fonte de sofrimento e morte, provavelmente tem sua origem no hábito de comer carne. É um fato curioso que a palavra escrófula é derivada de *scrofa*, uma porca. Dizer que alguém tem escrófula é dizer que tem o mal do suíno".

Em sua quinta palestra ao Conselho Privado Inglês, encontramos o Professor Gamgee afirmando que "um quinto da quantidade total de carne consumida é derivada de animais mortos em um estado de doença maligna"; enquanto o Professor A. Winter Blyth (F.R.C.S.), escreve: "a carne em termos econômicos, não é necessária; e a carne seriamente afetada por doenças pode ser preparada de forma a parecer carne bastante saudável. Muitos animais com doenças avançadas no fígado ainda não apresentam a olho nu aparência alguma na carne que seja diferente da normal".

O Dr. Coomes (M.F.), no artigo acima citado, observa: "Temos muitos substitutivos para a carne que são livres dos efeitos deletérios daqueles alimentos de procedência animal – a saber, da produção de reumatismo, gota e todos os outros tipos de doenças, além da congestão cerebral, a qual com frequência resulta em

---

[23] Tuberculose ganglionar linfática e, eventualmente, óssea e articular, com supuração e fistulização, estando as estruturas pesadas sujeitas à gaseificação. (Sinônimo popular nesta acepção: alporca). (N.E.)

apoplexia[24] e doenças venosas de um tipo ou de outro, enxaqueca e muitas outras formas de dor de cabeça, resultantes do uso excessivo de carne e produzidas muitas vezes mesmo quando a carne não é consumida em excesso".[25]

O Dr. J.H. Kellogg observa: "É interessante notar que cientistas de todo o mundo estão despertando para o fato de que a carne dos animais utilizada como alimento não é um nutrimento puro, mas está misturado com substâncias tóxicas, de caráter excremental, as quais são o resultado natural da vida animal.

O vegetal armazena energia. É a partir do mundo vegetal – do carvão e da madeira – que é derivada a energia que move nossas máquinas a vapor, impulsiona nossos trens, impele nossos navios a vapor e faz o

---

[24] (Do grego *apoplexia*, pelo latim *apoplexia*) Afecção cerebral que se manifesta imprevistamente, acompanhada de privação dos sentidos e do movimento, determinada por lesão vascular cerebral aguda (hemorragia, embolia, trombose), devido à parada do fornecimento de sangue ao cérebro. Tal acidente vascular ocorre em grande parte das vezes à condição preexistente de aterosclerose, ou seja, à presença de placas de gordura que obstroem a passagem do sangue no interior dos vasos sanguíneos; e essas placas são formadas, em um grande número de vezes, pelo colesterol, gordura resultante tanto do metabolismo humano quanto da dieta rica em tecidos animais. (N.E.)

[25] Há uma longa lista de males físicos e psíquicos atribuídos, hoje, à má alimentação com carnes e seus derivados. Ver, por exemplo, autores como o Dr. Márcio Bontempo, Dra. Jaqueline André, Professor Jean Lederer. Dr. Richard Bargen, Dra. Rosa e Dr. Jaime Scolnik, Dra. Gudrun Krökel Burkhard. Dr. Alberto Lyra, entre outros. (N.E.)

trabalho da civilização. É do mundo vegetal[26] que todos os animais, direta ou indiretamente, obtêm a energia que é manifestada através do trabalho muscular e mental pela vida animal. O vegetal constrói; o animal desgasta. O vegetal acumula, provê energia; o animal consome energia. Vários refugos e produtos tóxicos resultam da manifestação da energia, seja em uma locomotiva ou em um animal. Os tecidos funcionais do animal são capazes de continuar sua atividade somente devido ao fato de que são continuamente irrigados pelo sangue, uma corrente incessante que segue através e em torno deles, carregando os produtos tóxicos resultantes de seu trabalho tão rapidamente quanto são formados. O sangue venoso deve seu caráter a estas toxinas, as quais são removidas pelos rins, fígado, pele e intestino.[27] A carne de um animal morto contém uma grande quantidade destas toxinas, cuja eliminação cessa no instante da morte, ainda que sua formação continue por algum tempo após a morte. Um eminente cirurgião francês observou recentemente que um bife é uma verdadeira solução de toxinas. Médicos inteligentes em todas as partes estão começando a reconhecer

---

[26] A conversão da energia solar (luz) em energia química ocorre nas plantas e algas verdes, que dessa forma, sintetizam a matéria orgânica (fotossíntese). Assim, os vegetais são responsáveis pela manutenção das formas de vida na Terra, a partir da energia fornecida pelo Sol. (N.E.)

[27] E pela respiração. (N.E.)

estes fatos e a fazer uma aplicação prática dos mesmos".

Aqui também podemos ver que não se tem falta de evidências: e muitas das citações relativas à introdução de toxinas no sistema através de alimentos cárneos não são de doutores vegetarianos, mas daqueles que ainda sustentam que é adequado alimentar-se frugalmente de cadáveres, mas que até agora já estudaram o assunto em alguma extensão. Deve-se lembrar que a carne nunca pode estar em uma condição de saúde perfeita, porque a degeneração começa no momento em que a criatura é morta. Toda sorte de produtos vão sendo formados neste processo de decomposição orgânica; todos eles são inúteis e muitos deles evidentemente perigosos e tóxicos. Nas escrituras antigas dos hindus encontramos uma passagem digna de nota, a qual se refere ao fato de que mesmo na Índia algumas das castas mais baixas, naquele período primitivo, começaram a se alimentar de carne. A afirmação é de que em tempos antigos existiam apenas três doenças, uma das quais era a velhice, mas que agora, desde que o povo começou a comer carne, surgiram setenta e oito novas doenças. Isso mostra-nos que a ideia de que as doenças podem surgir da ingestão de cadáveres tem sido reconhecida por milhares de anos.

Mais Natural para o Homem

Terceiro: porque o homem não é naturalmente constituído para ser carnívoro e portanto este horrível alimento não é adequado para ele. Aqui novamente apresentarei algumas citações para mostrar-lhes que autoridades estão enfileiradas ao nosso lado neste assunto. O barão Cuvier escreve: "O alimento natural do homem, a julgar por sua estrutura, consiste de frutas, raízes e vegetais"; e o Professor Ray nos diz: "Certamente o homem não foi feito para ser um animal carnívoro". O Sr. Richard Owen (F.R.C.S.) escreve: "Os antropoides e todos os quadrúmanos[28] derivam sua alimentação das frutas, dos grãos e de outras substâncias vegetais suculentas, e a estrita analogia que existe entre as estruturas destes animais e a do homem demonstra claramente sua natureza frugívora" .

Outro Membro da Sociedade Real, o Professor William Lawrence, escreve: "Os dentes do homem não têm a menor semelhança com os dos animais carnívoros; e quer consideremos os dentes, os maxilares ou os órgãos digestivos, a estrutura humana assemelha-se estreitamente à dos animais frugívoros"[29]. Novamente

---

[28] Quadrúmanos: animais (símios) que têm quatro mãos. (N.E.)

[29] Fisiologistas e anatomistas dividem-se em duas correntes com relação às observações dos órgãos humanos. Alguns declaram que o homem possui características

o Dr. Spencer Thompson observa: "Fisiologista algum contestaria que o homem deve viver de uma dieta vegetariana"; e o Dr. Sylvestre Graham escreve: "A anatomia comparativa prova que o homem é naturalmente um animal frugívoro, formado para subsistir com frutas, sementes e vegetais farináceos".

O aspecto desejável de seguir uma dieta vegetariana não necessitará naturalmente argumentos para aqueles que acreditam na inspiração das escrituras, pois será lembrado que Deus, ao falar para Adão enquanto estava no Jardim do Éden, disse: "Eu vos dou todas as ervas que deem semente, que estão sobre toda a superfície da terra, e todas as árvores que dão fruto que deem semente: isso será vosso alimento".[30]

Foi apenas após a queda do homem, quando a morte alcançou o mundo, que uma ideia mais degradada de alimentação veio com ela; e se agora desejarmos nos elevar novamente às condições do Éden certamente devemos começar por abolir o desnecessário abate realizado com o fim de suprir-nos com um alimento horrível e degradante.

---

pura e claramente vegetarianas (frugívoras). Em contrapartida, existem outros que defendem a posição de que o homem é um ser onívoro, ou seja, com um organismo adaptado tanto para alimentos cárneos quanto vegetais. (N.E.)

[30] Gênese 1-29. (N.E.)

Maior Resistência

Quarto: porque os homens são mais fortes e melhores com uma dieta vegetariana. Sei que as pessoas dizem: "Você ficará muito fraco se não comer carne". De fato isso não é verdade. Não sei se existem pessoas que se sentem mais fracas com uma dieta de vegetais, mas sei que, recentemente, em muitas competições atléticas, os vegetarianos provaram ser os mais fortes e os mais resistentes – como por exemplo nas recentes[31] corridas de bicicleta na Alemanha, onde todos os que obtiveram os lugares mais altos na corrida eram vegetarianos. Existem muitos destes testes, demonstrando que, sendo as outras condições iguais, o homem que come apenas alimentos puros obtém mais sucesso. Temos que encarar os fatos e, neste caso, os fatos estão dispostos todos em um lado, contra o tolo preconceito e a abominável luxúria de outro. A razão foi claramente dada pelo Dr. J. D. Craig que escreve:

---

[31] A primeira edição deste livro surgiu em 1913. Sabe-se que é comum encontrarmos vegetarianos entre os desportistas de resistência, como os maratonistas. Há também o caso do Sr. Alfredo Otto, citado pela Revista *Vida e Saúde*, que, aos 79 anos de idade (há mais de 70 sendo vegetariano), venceu, pela segunda vez em Curitiba-PR, uma corrida municipal de bicicletas, da qual participavam cerca de 4.000 pessoas, em 1977. A dieta mais pobre em proteínas e gorduras animais e mais rica em amido, vitaminas e fibras, diminui o acúmulo de toxinas alimentares e aumenta as reservas energéticas e a mobilidade e desintoxicação digestiva. (N.E.)

"O vigor do corpo é muitas vezes exaltado pelos que comem carne, particularmente se vivem bastante ao ar livre; mas há essa peculiaridade a respeito deles: não têm a resistência dos vegetarianos. Isto acontece porque a refeição cárnea já se encontra em estado de decomposição e, por consequência, o vigor de sua presença nos tecidos é de curta duração. O impulso energético dessa carne, proveniente do corpo do animal morto, é reforçado por outro impulso naquele que a consome e, por tais razões, essa energia é rapidamente desprendida e surge uma urgente demanda pela sua reposição. Aquele que come carne, então, pode fazer uma grande quantidade de trabalho em um curto período de tempo, se estiver bem alimentado. Entretanto, logo se torna faminto e fica fraco. Por outro lado, os produtos vegetais são de digestão lenta; contêm toda a energia original armazenada e não contêm toxinas;[32] sua decomposição orgânica é menos rápida do que a da carne, tendo apenas iniciado e, portanto, sua força é liberada mais lentamente e com menos perda, e a pessoa nutrida com eles pode trabalhar por um período de tempo mais longo sem alimento, se necessário, e sem

---

[32] Os produtos fibrosos são; em geral, de digestão mais lenta, mas há alimentos vegetais de rápida digestão. A quantidade de toxinas alimentares encontrada nos alimentos vegetais é normalmente bem menor do que a presente nas carnes e em outros produtos de origem animal. (N.E.)

se sentir desconfortável[33]. As pessoas na Europa que se abstêm de carne são da melhor categoria e inteligência, e o tema da resistência foi abordado e inteiramente investigado por elas. Na Alemanha e na Inglaterra, alguns atletas notáveis, vegetarianos e carnívoros, competiram em provas que requeriam resistência, onde os vegetarianos invariavelmente se saíram vitoriosos.

Verificaremos, se investigarmos, que este fato é conhecido há muito tempo, pois mesmo na história antiga, encontramos vestígios dele. Recordemos que de todas as tribos de gregos a mais forte e a mais resistente, por universal reconhecimento e reputação, era a dos espartanos; e a simplicidade de sua dieta vegetariana é um assunto de conhecimento comum. Lembremos também os atletas gregos – aqueles que se preparavam com todo o cuidado para participar nos jogos olímpicos e ístmicos.

Se lermos os clássicos, veremos que estes homens, que em sua própria especialidade superavam o resto do mundo, viviam de figos, nozes, queijo e milho. Além disso, havia os gladiadores romanos – homens de cuja

---

[33] Trata-se de uma explicação admissível no princípio do século XX. Atualmente, considera-se que de uma alimentação composta de vegetais obtém-se uma maior variedade de nutrientes e um fornecimento energético mais adequado, pois provê maior quantidade de carboidratos (mais energia química) e também fibras – o que pode tornar a assimilação dos nutrientes mais lenta e assim manter a saciabilidade por mais tempo. Uma alimentação à base de carnes (predominantemente protéica) produz mais toxinas. (N.E.)

força dependia sua vida e fama; vemos que sua dieta consistia exclusivamente de tortas de cevada e óleo; sabiam bem que este era o alimento que lhes dava mais força.

Todos estes exemplos mostram que a falácia comum e persistente de que se deve comer carne para ser forte não está fundada em fatos; na verdade, o contrário é verdadeiro. Charles Darwin comenta em uma de suas cartas: "Os trabalhadores mais extraordinários que já vi, os operários das minas do Chile, vivem exclusivamente de alimentos vegetais, incluindo muitas sementes de plantas leguminosas". Sobre estes mesmos mineiros escreve o Sr. Francis Head: "É usual para os mineiros de cobre do Chile Central carregarem montes de minério de cerca de noventa quilos em subidas de setenta graus doze vezes por dia; e sua dieta é inteiramente vegetariana – um desjejum de figos e pequenos pães, um jantar de feijões cozidos e um almoço de trigo torrado".

O Sr F.T. Wood em seu *Discoveries at Ephesus* (Descobertas em Efesus) escreve: "Os carregadores turcos em Smyrna, com frequência carregam de 180 a 270 quilos em suas costas, e certo dia o capitão mostrou-me um de seus homens que havia carregado um enorme fardo de mercadoria pesando 360 quilos rampa acima até um armazém; assim, com esta dieta frugal, sua força era incomumente grande".

A respeito destes mesmos turcos, o Sr. Willian Fairbairn disse: "O turco pode viver e lutar onde soldados de qualquer outra nacionalidade passariam fome. Seus hábitos simples, sua abstinência de bebidas alcoólicas intoxicantes e sua dieta normalmente vegetariana, capacita-o a sofrer as maiores privações e a sobreviver com a alimentação mais escassa e simples".

Eu próprio posso testemunhar a enorme força demonstrada pelos trabalhadores assalariados vegetarianos tamis do sul da Índia pois, com frequência, eu os vi carregar fardos que me deixavam atônito. Lembro-me de um caso em que, estando eu no convés de um navio a vapor, observei que um destes trabalhadores colocava uma enorme caixa em suas costas e caminhava lenta, mas firmemente até um galpão na praia e depositava-a em um alicerce. O capitão que estava ao meu lado comentou com surpresa: "Ora, precisaria quatro trabalhadores ingleses para carregar a caixa a bordo, nas docas de Londres!" Vi também outro destes trabalhadores colocar um enorme piano em suas costas e carregá-lo sem ajuda por uma distância considerável; contudo, estes homens são inteiramente vegetarianos, pois vivem principalmente de arroz e água, talvez com um pouco de tamarindo ocasionalmente para dar sabor.

Sobre o mesmo tema o Dr. Alexander Haig, o qual já citamos, escreve: "Estar livre do ácido úrico tem tornado meus poderes corporais quase tão grandes quanto o eram há quinze anos; eu quase não acredito que, mesmo àquela época, eu poderia ter empreendido o exercício que faço hoje com absoluta impunidade – livre da fadiga e da dor no momento e da rigidez no dia seguinte. De fato, digo sempre que é impossível agora me cansar e, de certa forma acredito que isso é verdade". Este notável médico tornou-se vegetariano porque, de seus estudos sobre as doenças causadas pela presença do ácido úrico no sistema, descobriu que comer carne era a principal fonte desta toxina mortal. Outro ponto interessante que ele menciona é que sua mudança de dieta trouxe-lhe uma distinta mudança de disposição – que, se antes ele se sentia constantemente nervoso e irritável, agora se tornou mais estável, calmo e menos irado; ele compreendeu plenamente que isso se devia à mudança em sua alimentação.

Se precisarmos de qualquer evidência adicional, podemos encontrá-la próxima de nós, no reino animal. Podemos observar que neste reino os carnívoros não são os mais fortes, mas que todo o trabalho animal é executado no mundo pelos herbívoros – cavalos, mulas, bois, elefantes e camelos. Constatamos que os homens não podem utilizar o leão ou o tigre, e que a força destes selvagens que se alimentam de carne não é igual a daqueles que se alimentam diretamente do reino vegetal.

Menos Paixão Animal

Quinto: Porque comer carne de corpos mortos conduz à indulgência na bebida e aumenta as paixões animais no homem. O Sr. H. P. Fowler, que estudou e ministrou palestras sobre dipsomania[34] por quarenta anos, declara que o uso dos alimentos cárneos, através da excitação que eles exercem no sistema nervoso, prepara o caminho para hábitos de intemperança em tudo; e quanto mais carne é consumida tanto mais sério é o perigo de confirmar-se o alcoolismo.

Muitos médicos experientes fizeram experimentos similares e sabiamente os colocam em prática em seus tratamentos de dipsomania. A parte inferior da natureza humana é indubitavelmente intensificada pelo hábito de alimentar-se de cadáveres. Mesmo após uma refeição completa de tal horrível material, um ser humano ainda se sente insatisfeito, pois ele permanece consciente de uma vaga sensação desconfortável de desejo e, por consequência, sofre grandemente de tensão nervosa. Este desejo é a ânsia dos tecidos do corpo, que não podem ser renovados pelo pobre conteúdo oferecido a eles como alimento. Para

---

[34] Dipsomania: popularmente denominada alcoolismo; patologia caracterizada por um impulso mórbido, periódico e irresistível que leva à ingestão de grande porção de bebidas alcoólicas. (N.E.)

satisfazer este vago desejo, ou melhor, para apaziguar esta agitação nervosa de forma que não seja mais sentida, recorre com frequência a estimulantes. Algumas vezes tomam-se bebidas alcoólicas, algumas vezes tentam-se mitigar estes sentimentos com café e, em outras, é usado tabaco no esforço de acalmar os nervos irritados e exaustos. Temos aqui o início da intemperança, pois na maioria dos casos, ela começa com a tentativa de mitigar com estimulantes alcoólicos o vago sentimento desconfortável de desejo que se segue à ingestão de alimento empobrecido – alimento este que não alimenta.

Não há dúvida de que o alcoolismo, e toda a pobreza, desgraça, doença e crime associados a ele, pode frequentemente ser determinado por erros na alimentação. Poderíamos seguir esta linha de pensamento indefinidamente. Poderíamos falar da irritabilidade que, ocasionalmente, culmina em insanidade, agora reconhecida por todas as autoridades como resultado frequente de uma alimentação errônea. Poderíamos mencionar uma centena de sintomas familiares de indigestão e explicar que esta sempre é o resultado da alimentação incorreta. Na verdade, contudo, já foi dito o suficiente para indicar a importância e a influência de amplo alcance de uma dieta pura sobre o bem estar do indivíduo e da raça.

O Sr. Bramwell Booth, chefe do Exército da Salvação, fez um pronunciamento sobre o tema do vegetarianismo, colocando forte e decididamente em seu favor, apresentando uma lista de não menos que dezenove boas razões por que os homens deveriam abster-se de comer carne.

Ele insiste que uma dieta vegetariana é necessária para a pureza, castidade e para o perfeito controle dos apetites e das paixões que são tantas vezes a fonte de grandes tentações. Ele observa que o crescimento da alimentação carnívora entre os povos é uma das causas do crescimento do alcoolismo e que também favorece a indolência, a insônia, a falta de energia, a indigestão, a constipação e outras misérias e degradações semelhantes. Afirma, também, que o eczema, as hemorroidas, os vermes, a desinteria e fortes dores de cabeça são muitas vezes geradas por uma dieta de carne e acredita que o grande crescimento na consunção[35] e no câncer durante os últimos cem anos foram causados pelo aumento correspondente no uso de alimento animal.

Economia

Sexto: porque a dieta vegetariana é, em todos os sentidos mais barata bem como melhor do que a carní-

---

[35] Consunção: Definhamento progressivo, lento e devastador do organismo humano produzido por doença. (N. E.)

vora. Na encíclica recém-mencionada, o Sr. Booth oferece como uma de suas razões para advogá-la o fato de que "a dieta vegetariana de trigo, aveia, milho e outros grãos, lentilhas, ervilhas, feijões, nozes e alimentos similares é mais do que dez vezes mais econômica do que uma dieta de carne.

A carne contém a metade do peso em água, que deve ser paga como se fosse carne. Uma dieta vegetariana, mesmo se comermos queijo, manteiga e leite, custará apenas cerca de um quarto em relação a uma dieta mista de carne e vegetais. Dezenas de milhares de pessoas dentre nosso pobre povo, com a maior dificuldade para viver dentro de seu orçamento, compram carne; contudo, viveriam com conforto se a substituíssem por frutas, vegetais e outros alimentos mais baratos".

Há também um lado econômico desta questão que não deve ser ignorado. Observe quantos homens a mais poderiam ser sustentados por alguns acres de terra que fossem devotados para o crescimento de trigo do que a mesma quantidade de terra destinada ao pasto. Pense também em quantos homens mais saudáveis, trabalhando na terra, seriam encontrados no primeiro caso do que no último; e penso que começaremos a ver que há muita coisa a ser dita deste ponto de vista.

O Pecado do Abate

Até aqui mencionamos o que chamamos de considerações físicas e egoístas que poderiam fazer um homem abandonar o hábito de comer carne e voltar-se, mesmo que apenas para seu próprio bem, para uma dieta mais pura. Pensemos agora por alguns momentos sobre as considerações morais e inegoístas relacionadas com seu dever para com os demais. O primeiro destes – e isto parece-me a coisa mais terrível – é o horrível pecado de desnecessariamente matar estes animais. Aqueles que vivem em Chicago sabem bem como este chocante e incessante massacre prossegue em seu meio, como eles alimentam a maior parte do mundo com a matança por atacado e como o dinheiro feito neste abominável negócio é manchado de sangue, cada moeda dele. Tenho mostrado claramente, com testemunhos irrepreensíveis, que tudo isso é desnecessário, e, se é desnecessário, isso é um crime.

A destruição da vida sempre é um crime. Pode haver certos casos nos quais é o menor dos males, mas aqui é desnecessário e sem sombra de justificativa, pois ocorre apenas devido à ganância egoísta e inescrupulosa dos que cunham dinheiro em cima da agonia do reino animal, a fim de suprir os gostos pervertidos daqueles que são suficientemente depravados para desejar tal repugnante aflição. Lembrem-se de que não são apenas aqueles que fazem o trabalho obsceno, mas aqueles que, ao alimentarem-se de carne os encorajam a cometer seu crime remunerado, que são culpados perante Deus desta coisa terrível. Cada pessoa que compartilha deste alimento impuro tem sua parte nesta indescritível culpa e sofrimento através dos quais ele é obtido. É uma Lei universalmente reconhecida que *qui facit per alium facit per se* – seja o que for que o homem faz através de outro, o faz ele próprio.

Muitas vezes haverá alguém que dirá: "Mas não faria diferença em todo este horror se apenas eu deixasse de comer carne". Isto é inverídico e falso; em primeiro lugar, porque isto faria uma diferença, pois ainda que se consuma apenas meio quilo a cada dia, com o tempo chegaria ao peso de um animal; em segundo, porque não é uma questão de quantidade, mas de cumplicidade com um crime, e se você compartilha dos resultados de um crime, está ajudando a torná-lo rentável e, assim, toma parte na culpa. Homem honesto algum pode deixar de ver que é assim. Mas, quando os desejos mais baixos dos homens estão envolvidos, eles são usualmente desonestos em sua visão e declinam de encarar fatos evidentes. Certamente não pode haver diferença de opinião em relação à proposição de que toda esta horrível matança desnecessária é, de fato, um crime terrível.

Outro ponto para ser lembrado é que há uma espantosa crueldade relacionada com o transporte destes infelizes animais, tanto na terra quanto no mar e, muitas vezes, uma horrível crueldade no próprio abate. Aqueles que desejam justificar estes abomináveis crimes dirão que se faz um esforço para matar os animais tão rapidamente e sem dor quanto possível; mas é preciso apenas ler as reportagens para ver que, em muitos casos, estas intenções não são levadas a efeito e segue-se um aterrador sofrimento.

A Degradação do Magarefe[36]

Ainda outro ponto a ser considerado é a perversidade de causar a degradação e o pecado em outros homens. Se você próprio tivesse que usar a faca ou o machado para matar o animal antes de comer sua carne, compreenderia a natureza repugnante da tarefa e logo se recusaria a fazê-la. As delicadas senhoras que devoram bifes sanguinolentos gostariam de ver seus filhos trabalhando como magarefes? Se não gostariam, então não têm o direito de dar esta tarefa ao filho de alguma outra mulher. Não temos o direito de impor a um concidadão um trabalho que nós próprios declinaríamos

---

[36] Magarefe - aquele que mata e esfola as reses nos matadouros; açougueiro, carniceiro, carneador, matador, abatedor. (N.E.)

de fazer. Pode-se dizer que não forçamos ninguém a incumbir-se deste abominável meio de vida; mas esta é uma mera tergiversação, pois, ao ingerir este horrível alimento, estamos produzindo uma demanda para cuja satisfação *alguém* deverá brutalizar-se, *alguém* irá se degradar abaixo do nível da humanidade.

Sabemos que uma classe de homens está sendo gerada pela demanda deste alimento – uma classe de homens que possui excessiva má reputação. Naturalmente aqueles que são brutalizados por tal trabalho sujo tornam-se brutos também em outras relações. São selvagens em sua disposição e sanguinários em suas querelas; ouvi dizer que, em muitos casos de assassinato, encontraram-se evidências de que o criminoso empregou uma torção peculiar com a faca, característica dos magarefes. Deve-se certamente reconhecer que esse é um trabalho indizivelmente horrível e que se você toma alguma parte nesse terrível negócio – mesmo que de auxílio para sustentá-lo – está colocando outro homem na posição de fazer (de modo algum por uma necessidade sua, mas meramente para a gratificação de sua luxúria e paixão) um trabalho que, sob nenhuma circunstância, consentiria a você mesmo.

Temos, então, de lembrar que todos nós estamos esperando o tempo de paz universal e bondade – uma "era de ouro" quando não haverá mais guerra, um tempo em que o homem estará tão distante da rivalidade e da cólera que todas as condições do mundo serão diferentes daquelas hoje prevalecentes. Será que o reino animal também tomará parte neste bom tempo que está por vir – que este terrível pesadelo do abate em massa será removido do mesmo? As nações realmente civilizadas do mundo sabem disso muito melhor; é apenas por sermos nós do Ocidente uma raça jovem e ainda possuirmos muito da crueza da juventude; de outro modo, não poderíamos manter estas coisas entre nós nem mesmo por um dia. Acima de qualquer dúvida, o futuro está com o vegetariano. Parece certo que no futuro – e espero que seja próximo – olharemos para trás, para esta época, com repugnância e horror. Apesar de todas suas descobertas maravilhosas, apesar de sua admirável maquinaria, apesar das enormes fortunas erigidas, estou certo de que nossos descendentes olharão para trás, para nossa época, apenas como uma civilização parcial, e de fato, pouco distante da selvageria. Um dos argumentos pelo qual provarão isso certamente será o de que permitíamos entre nós este desnecessário abate em larga escala de animais inocentes – que nós, na verdade, prosperamos e fizemos dinheiro com ele e que até mesmo criamos uma classe de seres que faziam esse trabalho sujo para nós, e que não nos envergonhávamos de lucrar com os resultados de sua degradação.

49

Todas essas são considerações referentes apenas ao plano físico. Agora abordarei alguma coisa sobre o lado oculto de tudo isso. Até o presente fiz multas afirmações – fortes e definitivas, espero – mas cada uma delas pode ser comprovada por vocês; testemunhos de doutores e cientistas bem conhecidos podem ser lidos; vocês podem testar por si mesmos o lado econômico da questão; podem verificar, se quiserem, como todos estes diferentes tipos de homens conseguem viver tão bem com uma dieta vegetariana. Tudo o que eu tenho dito até aqui está, assim, dentro de seu alcance. Mas agora estou abandonando o campo da razão física comum e conduzindo-os para o nível em que terão naturalmente de acreditar na palavra daqueles que exploraram estes reinos superiores. Voltemo-nos, então, agora para o lado interno de tudo isso – o oculto.

Razões Ocultas

Sob este título também temos duas séries de razões – aquelas que se referem ao grande esquema da evolução, e nosso dever em relação a ele; de forma que uma vez mais podemos classificá-las como egoístas e altruístas, embora em um nível mais elevado do que antes. Espero ter mostrado com clareza, na primeira parte deste trabalho, que simplesmente não há espaço para discussão em relação àquela questão do vegetarianismo; todas as evidências e as considerações estão inteiramente de um lado, e não há absolutamente nada a ser dito em oposição a elas.[37] Isso é ainda mais notável quando consideramos o lado oculto de nosso argumento. Existem alguns estudantes que pairam às margens do ocultismo que ainda não estão preparados para seguir completamente seus ditames e, portanto, não aceitam seus ensinamentos quando interferem em seus hábitos e desejos pessoais. Alguns destes têm tentado sustentar que a questão da alimentação pode fazer pouca diferença do ponto de vista oculto; mas o veredito unânime de todas as grandes escolas de ocultismo, tanto antigas quanto modernas, tem sido definitivo neste ponto e afirma que para todo verdadeiro progresso a pureza é necessária, tanto no plano físico, e em matéria de dieta, como em assuntos muito mais elevados.

Em muitos livros e palestras tenho já explanado sobre a existência dos diferentes planos da Natureza e do vasto mundo invisível em torno de todos nós; tive ocasião também de referir-me muitas vezes ao fato de que o homem tem, dentro de si mesmo, matéria pertencente a todos estes planos superiores, de tal forma que é dotado de um veículo correspondente a cada um deles, através do qual pode receber impressões e por meio do qual pode agir. Esses corpos superiores do

---

[37] Alguns autores podem discordar desta afirmação. (N.E.)

homem podem ser afetados de alguma maneira pelo alimento que entra em seu corpo físico, com o qual estão intimamente relacionados? Com certeza podem e pela seguinte razão: a matéria física no homem está em contato estreito com a matéria astral e a mental – tanto assim que cada um é, em grande medida, uma contraparte do outro. Existem muitos tipos e graus de densidade na matéria astral, por exemplo, de tal forma que é possível para um homem possuir um corpo astral construído de partículas grosseiras e brutas, enquanto outro pode ter um que é muito mais delicado e refinado. Como o corpo astral é o veículo das emoções, paixões e sensações, segue-se que o homem cujo corpo astral é de um tipo mais grosseiro será receptivo principalmente às variedades mais grosseiras de paixões e emoções; enquanto que o homem que possui um corpo astral mais refinado terá suas partículas vibrando mais prontamente em resposta às emoções e aspirações mais elevadas e refinadas. Portanto, o homem que constrói seu corpo físico com matéria grosseira e indesejável está com isso esboçando seu corpo astral com matéria de um tipo grosseiro e desagradável como contraparte.

Todos sabemos que, no plano físico, o fato da tolerância para com o amplo consumo de carne gera um ser humano de aparência mais grosseira e bruta. Isso não significa que é apenas o corpo físico que se encontra em uma condição desagradável; significa também que aquelas partes do homem que são invisíveis ao olhar comum, os corpos astral e mental, também não se encontram em boa condição. Assim, um homem que constrói para si um corpo físico grosseiro e impuro está construindo para si mesmo, ao mesmo tempo, corpos astral e mental rudes e maculados. Isso é visível simultaneamente para o olhar do clarividente desenvolvido. O homem que aprende a ver esses veículos superiores vê ao mesmo tempo os efeitos, nos corpos superiores, produzidos pela impureza no inferior; vê ao mesmo tempo a diferença entre o homem que alimenta seu veículo físico com alimento puro e aquele que ingere esta abominável e deteriorada carne. Vejamos como esta diferença afetará a evolução do homem.

Veículos Impuros

Está claro que o dever do homem com relação a si mesmo é desenvolver todos seus diferentes veículos, tanto quanto possível, a fim de torná-los instrumentos acabados para o uso da alma. Há um estágio ainda mais elevado no qual a própria alma está sendo treinada para ser um instrumento adequado nas mãos da Deidade, um canal perfeito para a divina graça; mas o primeiro passo em direção a esta elevada meta é que a própria alma aprenda completamente a controlar os corpos inferiores, de tal forma que não haja neles outros pensamentos ou sentimentos exceto os permitidos por ela. Todos estes veículos, portanto, devem estar na melhor condição possível de eficiência; todos devem ser puros, limpos e livres de nódoa; e está claro que isso nunca poderá acontecer enquanto o homem absorver em seu envoltório físico tais componentes indesejáveis. Mesmo o corpo físico e suas percepções sensoriais nunca podem estar em sua melhor forma a menos que o alimento seja puro. Qualquer um que adote a dieta vegetariana rapidamente começará a notar que seu sentido do gosto ou do olfato tornou-se muito mais agudo do que quando comia carne e que agora é capaz de discernir uma diferença delicada de sabores nos alimentos que antes ele pensava não terem gosto, tal como o arroz e o trigo.

O mesmo é verdadeiro, em uma medida mais ampla, com relação aos corpos superiores. Seus sentidos também não podem ser claros, se matéria grosseira e impura for atraída aos mesmos; todas as coisas que têm esta natureza impedem-nos e os tornam insensíveis, dificultando seu uso pela alma. Esse é um fato que tem sido sempre reconhecido pelo estudante de ocultismo; veremos que todos aqueles que, nos tempos antigos, ingressavam nos Mistérios eram homens da maior pureza e, naturalmente, invariavelmente vegetarianos. A dieta carnívora é fatal para qualquer desenvolvimento real, e aqueles que a adotam estão colocando sérias e desnecessárias dificuldades em seu próprio caminho.

Tenho consciência de que existem outras e ainda mais elevadas considerações que são de maior peso do que qualquer coisa do plano físico e de que a pureza do coração e da alma é mais importante para o homem do que a do corpo. Entretanto, certamente não há razão para não possuirmos ambas; na verdade, uma sugere a outra, e a superior deveria incluir a inferior. Existem muitas dificuldades no caminho do autocontrole e do autodesenvolvimento; é seguramente pior do que tolice afastarmo-nos de nosso caminho para adicionar outras e bastante consideráveis à lista. Embora seja verdade que um coração puro pode fazer mais por nós do que um corpo puro, este último, entretanto, pode, certamente, fazer uma grande parte; e nenhum de nós está assim tão avançado no caminho da espiritualidade para que possa negligenciar a grande vantagem que ele nos oferece. Qualquer coisa que torne nosso caminho mais difícil do que precisa ser é enfaticamente algo a ser evitado. Em todos os casos, os alimentos cárneos, sem dúvida, tornam o corpo físico um instrumento pior e colocam dificuldades no caminho da alma ao intensificar todos os elementos e paixões indesejáveis pertencentes aos planos inferiores.

Além disso, este sério efeito durante a vida física não é o único no qual temos que pensar. Se, através da introdução de repugnantes impurezas no corpo físico, o homem constrói para si um corpo astral grosseiro e impuro, devemos lembrar que é neste veículo degradado que ele terá de gastar a primeira parte de sua vida após a morte. Devido à matéria grosseira com a qual foi construído, todos os tipos de entidades indesejáveis serão atraídas para associarem-se com ele, farão de seus veículos a sua moradia, e encontrarão em seu interior uma pronta resposta às suas baixas paixões. Não é apenas porque suas paixões animais são mais facilmente incitadas aqui na Terra, mas também porque sofrerá agudamente em virtude da atuação destes desejos após a morte. Nesse caso, novamente, olhando até mesmo sob o ponto de vista egoísta, vemos que as considerações ocultas confirmam o acertado bomsenso comum dos argumentos no plano físico. A visão superior, quando enfocada sobre esse problema, revela-nos ainda mais vividamente como é indesejável o comer carne, desde que intensifica dentro de nós aquilo do que mais necessitamos nos livrar, e, portanto, sob o aspecto do progresso, este hábito é algo a ser eliminado de uma vez por todas.

O Dever do Homem para
com a Natureza

Há, então, o lado altruísta da questão – importantíssimo – que é o dever do homem para com a Natureza. Toda religião tem ensinado que o homem deve colocar-se sempre ao lado da vontade de Deus no mundo, ao lado do bem e contra o mal, ao lado da evolução e contra o retrocesso. O homem que se alinha ao lado da evolução compreende a iniquidade de destruir a vida, pois sabe que, exatamente como está aqui em seu corpo físico a fim de que possa aprender as lições deste plano, da mesma forma o animal está ocupando seu corpo para que através dele possa obter experiência neste estágio inferior. Ele sabe que a vida por trás do animal é a Vida Divina, que toda a vida no mundo é Divina; os animais, portanto, são verdadeiramente nossos irmãos, mesmo que possam ser irmãos mais jovens, e não temos direito algum de ceifar suas vidas para a gratificação de nosso gosto pervertido – não é direito causar-lhes indizível agonia e sofrimento meramente para satisfazer nossa degradada e detestável luxúria.

Levamos as coisas a tal ponto com nossos mal denominados "esportes" e abate em massa, que todas as criaturas selvagens fogem de nossa vista. Isto se parece com a fraternidade universal das criaturas de Deus? É esta nossa ideia da "era de ouro" que está por vir, onde a bondade estará espalhada por todo o mundo – uma condição em que cada ser vivo foge da face do homem devido a seus instintos assassinos. Há uma influência pairando sobre nós em virtude disso tudo – um efeito que dificilmente podemos compreender a menos que sejamos capazes de ver como se parece quando considerado com o olhar do plano superior. Cada uma destas criaturas, que tão impiedosamente é assassinada dessa maneira, possui seus próprios sentimentos e pensamentos com relação a tudo isso; elas sentem horror, dor, indignação e um intenso, mas inexpresso sentimento da hedionda injustiça. Toda a atmosfera em volta de nós está repleta desses sentimentos. Recentemente ouvi de pessoas psíquicas que elas sentiam a terrível aura que circundava Chicago mesmo a muitas milhas de distância. A própria Sra. Besant contou-me a mesma coisa anos atrás na Inglaterra – que muito antes de chegar em Chicago, ela sentiu o horror e uma nuvem mortal de depressão descendo sobre ela, e perguntou; "Onde estamos e qual a razão pela qual deveria haver este terrível sentimento no ar?" Sentir os efeitos assim tão claramente está além do alcance da pessoa não desenvolvida; mas, ainda que os habitantes possam não ser diretamente conscientes disso e reconhecê-los como o fez a Sra. Besant, podem ter certeza de que estão sofrendo estes efeitos inconscientemente e que esta terrível vibração de horror, medo e injustiça está agindo sobre todos eles, mesmo que não o saibam.

Horrendos Resultados Invisíveis

Os sentimentos de nervosismo e profunda depressão tão comuns devem-se, em grande parte, a esta terrível influência que se espalha sobre a cidade como uma calamidade. Não sei quantos milhares de criaturas são mortas a cada dia, mas o número é muito grande. Lembrem-se de que cada uma destas criaturas é uma entidade definida, não uma individualidade permanente, reencarnante como vocês ou eu, mas ainda assim uma entidade que possui sua vida no plano astral[38] onde persiste por um considerável tempo. Lembrem-se de que cada uma delas permanece para verter seu sentimento de indignação e horror por toda a injustiça e tormento que lhe foi infligida. Compreendam por si mesmos a terrível atmosfera que existe em volta destes matadouros; lembrem-se de que um clarividente pode ver a vasta hoste de almas animais, de que ele sabe como são fortes os seus sentimentos de horror e ressentimento e o quanto isso repercute em todos os sentidos sobre a raça humana. Eles reagem principalmente sobre aqueles que são menos capazes de resistir-lhes

---

[38] O autor compartilha da ideia de que cada ser humano possui uma individualidade permanente, reencarnante, que lhe faculta a autoconsciência, enquanto que os animais ainda não estão propriamente "individualizados" no nível do corpo causal, embora participem de um "alma grupo" no plano mental, que é coletiva para um certo número de animais de uma mesma espécie, tendo já corpos astrais separados. (N. E.)

– sobre as crianças, que são mais delicadas e sensitivas do que o adulto endurecido. Esta cidade é um lugar terrível para criar as crianças, um lugar onde toda a atmosfera, tanto física quanto psíquica, está repleta de emanações de sangue, com tudo o que isto significa.

Recentemente li um artigo o qual relatava que o nauseante mau cheiro que surgia dos abatedouros de Chicago e instalava-se como um miasma fatal sobre a cidade não era de modo algum a influência mais mortífera que vinha deste "inferno cristão" para animais, ainda que fosse o sopro da morte certa para muitos mascotes de estimação. Os matadouros não são apenas um foco de epidemia para os corpos das crianças, mas também para suas almas. As crianças não apenas são empregadas em um trabalho muito mais revoltante e cruel, mas toda a tendência de seus pensamentos é direcionada para o assassinato. Ocasionalmente se encontra alguém muito sensível para resistir à visão e aos sons desta incessante batalha entre a luxúria cruel do homem e o inalienável direito de toda criatura à sua própria vida. Li a respeito de como um menino, para o qual um pastor havia conseguido um lugar em um abatedouro, voltava para casa, dia após dia, pálido, doente e incapaz de comer ou dormir; finalmente foi até o ministro do evangelho do compassivo Cristo e lhe disse que estava pronto para passar fome, se necessário, mas que não podia atolar-se no sangue nem mais um dia. Os horrores do abate o afetaram de tal forma que não podia mais dormir. Porém, se algum dia esses meninos, ao invés de cortarem a garganta de uma ovelha ou de um porco, matarem um homem, então, projetaremos sobre eles nosso ânimo por matança e ainda acreditaremos ter feito justiça[39].

Li que uma jovem senhora, que faz muito trabalho filantrópico nas vizinhanças destes focos de epidemia, declara que o que mais a impressiona a respeito das crianças é que parecem não ter outros brinquedos senão os de matar, que não têm conceito de qualquer relação com os animais exceto a relação do matador para com a vítima. Esta é a educação que os supostos cristãos estão dando às crianças dos abatedouros – uma educação diária de assassinato; e depois expressam surpresa com o número e a brutalidade dos assassinatos naquela área. Ainda assim seu público cristão segue serenamente rezando suas preces, cantando seus salmos e ouvindo seus sermões, como se tal atrocidade não estivesse sendo perpetrada contra as crianças de Deus neste poço de pestilência e crime. Certamente o hábito de comer carne produziu uma apatia moral entre nós. Estamos fazendo bem em criar nossos futuros

---

[39] O autor condena aqui a pena de morte em si mesma e particularmente quando aplicada ao assassino de um homem, enquanto vigora absoluta liberalidade para os assassinos de animais, em flagrante desrespeito e insensibilidade pela vida em qualquer ser. (N.E.)

cidadãos em ambientes de tal brutalidade como estes? Mesmo no plano físico este é um assunto terrivelmente sério, e do ponto de vista oculto é, infelizmente, muito mais sério ainda; pois o ocultista vê o resultado psíquico de tudo isso, vê como estas forças estão agindo sobre as pessoas e como elas intensificam a brutalidade e a inescrupulosidade. Ele vê como um centro de vício e de crime tem sido criado e como daí esta infecção é gradualmente espalhada até que afete todo o país e mesmo toda a chamada "humanidade civilizada".

Isso tem afetado o mundo de várias maneiras, a maioria das pessoas não tem a menor percepção disso. Existem, no ar, constantes sentimentos de terror sem motivo. Muitas de nossas crianças sentem medo desnecessária e inexplicavelmente; sentem terror e não sabem do que – terror da escuridão ou da solidão; mesmo que fiquem sós apenas por alguns momentos. Poderosas forças estão agindo sobre nós as quais vocês não podem explicar; não compreendem que tudo isso surge do fato de toda a atmosfera estar carregada com a hostilidade dessas criaturas assassinadas. Os estágios de evolução estão estreitamente inter-relacionados, e não se pode, neste percurso, matar em larga escala nossos irmãos mais jovens,[40] sem que sintamos os efeitos terríveis entre nossas próprias crianças inocentes.

---

[40] O autor aqui se refere aos animais de um ponto de vista evolutivo e espiritual. (N. E.)

Com certeza, um tempo melhor deverá vir, quando estaremos livres desta horrível nódoa sobre nossa civilização, esta horrível mácula sobre nossa compaixão e nossa empáfia e, quando este vier, descobriremos desde logo que haverá uma enorme melhoria nestes assuntos, e, degrau por degrau, poderemos nos elevar a um nível superior e nos tornarmos livres de todos estes terrores e ódios instintivos.

O Tempo Melhor que Está por Vir

Poderíamos todos nos libertar disso muito rapidamente se homens e mulheres apenas refletissem; pois o homem comum não é, afinal, um bruto e até se disporia a ser amável se, ao menos, soubesse como. Ele não pensa; segue em frente dia a dia e não compreende que está participando todo o tempo de um crime terrível. Mas fatos são fatos e não há como fugir deles; qualquer um que participe desta abominação está auxiliando a tornar possível esta coisa assombrosa e, sem dúvida, compartilha a responsabilidade por isso. Vocês sabem que é assim e podem ver que é algo terrível, mas dirão: "O que podemos fazer para melhorar isso – nós que somos apenas ínfimas unidades nesta poderosa massa fervente da humanidade?" Somente a partir da elevação dos indivíduos em relação aos demais, tornando-nos mais civilizados, poderemos, finalmente, alcançar um mais elevado estágio civilizatório da raça como um todo. Há uma "era de ouro" por vir não apenas para o homem mas também para os reinos inferiores, um tempo em que a humanidade compreenderá seu dever para com seus irmãos mais jovens – não para destruí-los, mas para auxiliá-los e treiná-los de tal forma que possamos receber deles, não terror e ódio, mas amor, devoção, amizade e razoável cooperação. Um tempo virá em que todas as forças da Natureza estarão trabalhando juntas inteligentemente em direção à meta final, sem constante suspeita e hostilidade, mas com reconhecimento universal da Fraternidade que é nossa porque somos todos filhos do mesmo Pai Todo Poderoso.

Façamos pelo menos uma experiência; libertemo-nos da cumplicidade nestes crimes terríveis, procuremos, cada um em seu pequeno círculo, antecipar este tempo brilhante de paz e amor que é o sonho e o desejo sincero de todo homem honesto e que pensa. Pelo menos deveríamos estar dispostos a fazer algo tão pequeno para auxiliar o mundo a progredir em direção a este glorioso futuro; devemos nos tornar puros, nossos pensamentos e nossas ações, bem como nossa alimentação, de tal forma que, tanto através do exemplo quanto do preceito, possamos estar fazendo tudo que depende de nós para propagar o evangelho do amor e, da compaixão para pormos um fim ao reino da brutalidade e do terror, para antecipar a aurora do grande reino de retidão e amor, quando a vontade de nosso Pai será feita assim na Terra como é no Céu.

Annie Besant

O VEGETARIANISMO
À LUZ DA TEOSOFIA

O próprio título da conferência que hoje me proponho apresentar-lhes, indica, sem dúvida, os limites que, praticamente, estabelecerei aos dois assuntos que, tal como são anunciados, determinam o que tenho para dizer; desejo, na verdade, abordar o vegetarianismo à luz da teosofia.

Vocês podem, é certo, discutir sob diferentes pontos de vista a teoria e a prática do vegetarianismo; podem, por exemplo, encarar a questão sob o ponto de vista da saúde física ou abordá-la pelos seus lados fisiológico ou clínico; ou, ainda, apresentar poderosos argumentos em seu favor, baseando-se nas relações que existem entre o vegetarianismo e o uso, ou antes, o abuso, dos licores fortes, da absorção do álcool e da carne estando estreitamente ligados e sendo muito variáveis no mesmo indivíduo. Também lhes é possível estudá-la sob outros pontos de vista familiares a muitos dentre vocês, que acharão nas revistas e conferências especiais sobre vegetarianismo.

O mesmo sucede com a teosofia; se eu a tratasse isoladamente, lhes daria uma ideia da sua significação e das suas doutrinas, não sem juntar a ela uma parte histórica e argumentos baseados na natureza razoável dos seus ensinamentos gerais e no valor da sua filosofia para a humanidade.

Mas desejo abordar os dois assuntos nas relações que os ligam um ao outro; quero dizer que vou tentar fornecer a alguns dentre vocês certos argumentos, segundo uma linha de pensamento que lhes é, talvez, menos familiar do que aquelas pelas quais o vegetarianismo é geralmente conhecido.

Irei, igualmente, procurar mostrar àqueles dentre vocês que não são vegetarianos que, sob o ponto de vista teosófico, é possível fornecer outros argumentos, além daqueles que se ligam ao sustento do corpo físico, à química, à fisiologia ou à influência do vegetarianismo sobre o comércio das bebidas; é, portanto, sob uma forma de pensar inteiramente distinta destas, que vou tratar do assunto; o seu valor provirá, talvez, precisamente da diferença existente entre ela e as outras. Esta diferença é comparável àquela que se pode estabelecer entre os reforços novos e um exército que já tivesse entrado em luta contra forças superiores e consideráveis.

O vegetarianismo do qual lhes quero hoje falar é aquele que todos conhecem; aquele que implica a abstenção de todos os alimentos que imponham a morte dos animais ou atos de crueldade para com eles. Portanto, devo dizer-lhes que não adotarei uma argumentação análoga àquelas que dividem os vegetarianos entre si; não mencionarei por isso, nem os cereais, nem os frutos, nem as variedades desses regimes diferentes e que no presente momento são a causa de tantas desuniões. Tomarei a questão num sentido geral, considerando-a sob o ponto de vista da abstenção de toda a alimentação de proveniência animal, e procurarei apresentar razões a favor desta abstenção que podem ser oferecidas pelos ensinamentos apresentados pela teosofia.

Ainda que eu considere a minha tese como perfeitamente estabelecida, em termos teosóficos, devo dizer-lhes que não me sinto, de maneira alguma, no direito de obrigar a Sociedade Teosófica no seu conjunto pelo que respeita a validade desta tese; com efeito, muitos dentre vocês não o ignoram. Não exigimos das pessoas que ingressam na Sociedade Teosófica a aceitação de ensinamentos conhecidos sob o nome genérico de teosofia; nós apenas pedimos que aceitem a Lei da Fraternidade Universal, e que procurem a Verdade, e isso num espírito de cooperação, e, de preferência, sem um espírito de competição. Significa, também, que solicitamos aos nossos membros abstenção de ataques agressivos contra as ideias religiosas ou quaisquer outras que, possivelmente, alguém possa manifestar, e que mostrem aos outros o mesmo respeito que pedem para si na expressão das suas opiniões. Contentamo-nos, apenas, com esta obrigação. Não procuramos impor as nossas "ideias teosóficas" àqueles que ingressam na Sociedade. Aqueles dentre nós que as aceitam como verdadeiras, adquirem, por este mesmo fato, toda a confiança na própria Verdade; portanto, deixamos os nossos membros perfeitamente livres para aceitá-las ou recusá-las. Dito isso, não esqueçam que, ao falar, não comprometo a Sociedade. Os aspectos que abordarei foram retirados da filosofia, a qual pode ligar ou não qualquer membro da nossa Sociedade.

O Lugar do Homem na Natureza

A primeira série de argumentos sobre a qual chamarei a sua atenção acerca do vegetarianismo à luz da teosofia será a seguinte: a teosofia considera o homem como fazendo parte de um grande sistema de evolução; no mundo, o homem é nela considerado como um elo de uma grande cadeia, cujo primeiro anel manifestado faz parte da própria Vida divina, e que, elo após elo, constitui as grandes Hierarquias ou classes de Inteligências espirituais em evolução.

O homem, ao deixar a sua morada divina original, ingressa na Hierarquia das entidades espirituais para tomar, enfim, contato com a manifestação que conhecemos como sendo o nosso próprio mundo. Este mundo, expressão do Pensamento divino, está inteiramente penetrado pelo Divino, sendo toda lei a expressão desta Natureza divina; o próprio estudo da manifestação de uma lei é o estudo da Inteligência divina na Natureza.

Assim, o mundo não deve ser considerado como constituído, unicamente, por matéria e força (opinião da ciência materialista), mas como sendo, essencialmente, vida e consciência evoluindo para se manifestar nisso que conhecemos como matéria e como força.

Partindo desse princípio, e seguindo até o ponto mais baixo deste primeiro ciclo, o qual chamaremos a evolução da vida, chegamos ao reino mineral, de onde a vida tende a tornar a subir num ciclo ascendente, e no qual a matéria se torna cada vez mais plástica, sob o impulso dessa vida, até que do mineral evolua para o vegetal.

Desde então, à medida que a matéria do reino vegetal se torna ainda mais plástica, e por conseguinte, mais apta a exprimir a vida e a consciência que nela atuam, chegamos à evolução do reino animal, com as suas energias mais distintamente diferenciadas, com a sua crescente complexidade de organização, com o seu poder aumentado pelo sentir do prazer e do sofrimento, e, acima de tudo, com uma individualidade muito mais marcada; estas criaturas, mais e mais se individualizam, separando-se, por assim dizer, cada vez mais, do grupo[41] ao qual pertencem, começando a mostrar os germes de uma consciência mais elevada, esta vida primária que em tudo vive, tornando-se capaz de se exprimir de maneira mais completa num sistema nervoso mais altamente organizado; ela é como que arrastada a isso por respostas mais numerosas às influências do universo exterior.

Então, "elevando-se" mais, encontra uma manifestação superior na forma humana, a qual é animada pela alma e pelo Espírito – a alma que, no corpo, se manifesta como inteligência, e o

Espírito que, pela evolução da alma, se manifesta gradualmente neste universo exterior.

Assim, em virtude desta alma que se torna consciente, devido a esta evolução mais alta – a mais elevada que se possa efetuar numa forma material do nosso mundo –, o homem é, por assim dizer, a expressão mais completa desta vida evolutiva; deve, por consequência, ser também a expressão mais perfeita desta manifestação sempre crescente da Lei.

Mas a vontade que se desenvolve no homem – que tem o poder de escolher, que é capaz de dizer: «Eu quero» ou «Eu não quero»; que se distingue das for-

---

[41] A autora compartilha a ideia de que, no reino animal, ainda que de forma menos englobante do que nos reinos inferiores, os seres não são, do ponto de vista mais sutil ou interior, ainda entidades individualizadas; pertencem ao que é chamado "alma grupo". (N. E.)

mas inferiores de criaturas vivas por este mesmo poder de determinação consciente; que, precisamente, porque está prestes a exprimir o Divino, mostra estas marcas de pensamento, de ação espontânea, características da Vida suprema evoluindo na matéria – esta vontade é que dá ao homem uma dupla possibilidade, uma responsabilidade maior, um destino mais nobre ou mais degradado.

Ora, este poder da escolha é esta Lei que nas formas inferiores da vida está impressa na própria forma, e a qual essa forma obedece, por assim dizer, pelo caminho da coerção; a Lei que, no mundo mineral, não deixa escolha ao átomo mineral; a Lei que, no mundo vegetal, é uma Lei coercitiva, um desenvolvimento segundo certas linhas definidas, sem grande possibilidade de lhe resistir, tanto quanto nós possamos julgar; Lei que, no animal, se exprime como instinto, instinto ao qual o animal obedece sempre; essa Lei, se a observarmos na sua ordem geral, estará sujeita a mudanças quando se trata do homem.

O homem é um elemento de desordem na Natureza; é ele que, embora dotado das mais altas possibilidades, semeia a discórdia no reino da Lei; é ele que, em virtude da sua vontade desenvolvida, tem o poder de se opor à Lei, e sobre ela triunfar, aparentemente, por um certo período. Com o decorrer do tempo, no entanto, é a Lei que o derrubará. Sempre que ele caminha contra a Lei, esta faz-se sentir pelo sofrimento que traz; ele não a pode quebrar, o que não impede que ele possa causar desordens e perturbar a harmonia; ele pode, pela vontade que é sua, recusar seguir o caminho mais elevado e o melhor, e, deliberadamente, escolher o pior e o mais inferior.

Precisamente, por causa deste poder – o poder da escolha – tem ele elevadas possibilidades, mais do que aquelas oferecidas aos mundos mineral, vegetal e animal.

Submeter-se conscientemente à Lei é colocar-se num grau de harmonia mais elevado do que ser, simplesmente, um aparelho movido por ela, sem fazer agir a vontade que escolhe, com consciência, o que há de mais alto. Por consequência, o homem encontra-se na seguinte situação: pode cair mais baixo que o animal, mas pode, também, subir infinitamente mais alto.

Assim, o homem assume a responsabilidade de ser o senhor que domina a natureza inferior, aquele que, por assim dizer, amolda o mundo, gradualmente, em formas mais elevadas de existência, em tipos de vida mais nobres. O homem, por onde quer que fosse, deveria ser o amigo de todos, o apoio, o protetor de todos, exprimindo na vida diária a sua natureza, que é toda amor, e exercendo sobre toda a criatura que lhe seja inferior, não só a vigilância que lhe deve ser aplicada para sua educação, mas também, o amor que deve ser dedicado a ela para ajudá-la a elevar-se na escala da existência.

76

Apliquemos, portanto, este princípio do lugar que o homem ocupa no mundo, vice-rei, no sentido real do termo, governador e monarca do mundo, mas com o poder de ser um mau ou um bom soberano, responsável, ante o Universo inteiro, pelo uso que fizer dos seus poderes.

Consideremos, sob este aspecto, o homem nas suas relações com os animais inferiores. É evidente que se vemos o homem matar por prazer, pensamos que ele rebaixa o seu título de homem. Ele não deveria armarse com espingarda, anzol, ou com outras armas que é capaz de construir – não o esqueçamos – somente em virtude da inteligência que nele se desenvolveu, pois é indigno dele aproximar-se dos seres que vivem felizes nos bosques para levar-lhes o sofrimento, o medo, o terror, o pavor, semeando a destruição por onde passa.

Prostituindo estes poderes superiores do intelecto, para fazer de si mesmo o inimigo mais mortífero das outras criaturas sensíveis que com ele partilham o mundo, o homem emprega a inteligência, que deveria ser um meio de ajudar a educar os seres inferiores, para levar por toda a parte novas formas de miséria e energia destruidoras. Se o homem vai a um lugar onde se encontram os animais inferiores, estes fogem dele, porque a experiência lhes ensinou os perigos que correm com sua presença. Se ele vai a qualquer sítio retirado da Terra, onde raras vezes os homens pisaram o chão, vê animais sem medo algum e com intenções amigáveis; e pode andar pelo meio deles sem que evitem o seu contato. Consultem os relatórios dos viajantes que percorreram certas regiões onde o homem até então nunca tinha penetrado e aí lerão que eles que podiam passar por meio de bandos de aves e outros animais como um amigo por entre amigos. E é somente quando o homem começa a abusar da sua confiança para os matar que, por experiência, sabem o que a presença do homem significa para eles, e que aprendem a lição da desconfiança, do medo e que fogem à sua aproximação. De forma que, em qualquer região civilizada, por toda a parte onde há um homem, nos campos ou nos bosques, tudo que vive, foge ao ruído dos seus passos; para estas criaturas, ele não é o amigo, mas aquele que traz consigo o alarme e o terror, por isso procuram evitá-lo.

E, contudo, têm havido homens cujo espírito de amor irradiava com tal brilho que os seres vivos do campo ou da floresta se agrupavam em sua volta e os seguiam sempre; homens como S. Francisco de Assis, de quem se conta que, quando passava por um bosque, os pássaros voavam em sua direção e pousavam sobre ele, de tal maneira sentiam o amor que emanava da sua pessoa e irradiava como uma auréola por toda a parte onde passava.

Da mesma forma, na Índia, não faltam destes homens, nos quais se encontra o mesmo espírito de amor e de compaixão, e, tanto nos bosques como na selva, nas montanhas como nos desertos, eles podem ir aonde quiserem que os animais selvagens não os atacarão. Poderia contar-lhes a história de *yogis*, inofensivos em todos os atos do seu pensamento e da sua vida, que atravessavam a selva onde tigres estavam escondidos; sucedia, às vezes, que o tigre vinha deitar-se aos seus pés e lambia-os, como se fosse um gatinho tão pouco ameaçador em face do espírito de amor. Assim deveria ser a nossa atitude ante tudo que vive, e assim seria, se nós nos mostrássemos afetuosos para com as criaturas inferiores, ao invés de tratá-las como inimigas; ainda que sejam necessários muitos séculos para reparar o mal resultante de um passado manchado de sangue, pode, contudo, tentar-se fazê-lo; a afeição deveria de novo renascer, porque todo homem, toda mulher que trata afetuosamente as criaturas inferiores, junta sua parte ao amor existente no mundo, ao amor que, finalmente, deve triunfar sobre tudo.

Influência Sobre os Mundos
Sutis e Responsabilidade

Passemos deste dever que compete ao homem como monarca do mundo, ao ponto seguinte, que, no "ensino teosófico", desencoraja o provocar a morte de qualquer ser vivo. Alguns dentre vocês sabem, sem dúvida, que uma parte dos ensinamentos teosóficos proclama que o mundo físico está interpenetrado e rodeado por um mundo de matéria mais sutil[42] a qual denominamos "astral"; nesta matéria sutil, a qual podemos chamar éter, se este nome lhes é mais familiar, residem certas forças; há neste mundo o reflexo e a imagem do que se passa no plano material; os pensamentos igualmente tomam aí uma forma, as ações são refletidas, e este mundo astral estende-se entre o mundo material e o mundo do pensamento. Este último "mundo", repleto dos pensamentos dos homens, projeta esses pensamentos no mundo astral; neste, eles formam uma imagem que reage no mundo físico. É o que muitas vezes sentem os "sensitivos". Estes, quando entram em uma casa, em uma sala, em uma cidade, podem dizer-lhes, graças a uma impressão que eles próprios não poderiam, sem dúvida, explicar, alguma coisa das características gerais respeitantes à atmosfera dessa casa, dessa sala ou dessa cidade é pura ou impura, se lhes é simpática ou hostil, se sobre eles exerce uma influência salutar ou perniciosa.

Uma das formas pelas quais vocês podem reconhe-

---

[42] Esta concepção descreve o Universo como constituído por vários planos de diferentes dimensões que se somam e se interpenetram, compondo os mundos visíveis e invisíveis, onde se encontram distintos tipos de matéria, desde as mais densas até as mais sutis. O homem, com as diversas energias que o compõem, participa dessas diferentes dimensões. (N.E.)

cer o funcionamento deste mundo astral é aproximá-lo, no seu pensamento, como o começa a fazer a ciência com o éter, de todas as correntes magnéticas e de todas as ações elétricas.

Tomemos para exemplo a ação exercida por um orador sobre uma multidão. Ela é subordinada à presença desta matéria etérica, na qual operam as forças magnéticas, de forma que uma tese emitida pelo orador e carregada do magnetismo desse último produz um efeito totalmente diferente sobre aqueles que o ouvem daquele que produziria se lessem simplesmente com a cabeça repousada numa revista ou num livro. Por quê? Porque a força do orador, tomando forma nesta matéria sutil, servindo de *médium* entre ele e os seus ouvintes, coloca-a no diapasão das suas vibrações, carrega-se do seu magnetismo, e as ondas que levantam vão tocar a matéria similar nos corpos dos ouvintes; a onda precipita-se através da sala, e esta vibração de um único pensamento faz, no momento dado, com que todos aqueles que lá estão, sintam igualmente o seu poder, se bem que não possa suceder o mesmo mais tarde.

Muitas vezes, quando do alto de uma tribuna, podemos despertar o entusiasmo dos ouvintes, quando a força magnética está num grau muito elevado, mesmo se eles não estiverem de acordo com os argumentos que lhes apresentamos, aplaudirão com vigor, ainda que saibamos convenientemente que estão em antagonismo com a ideia que acabamos de expor. Se no dia seguinte, encontrarmos com eles, provavelmente estarão muito zangados por terem se deixado influenciar momentaneamente. Que explicação dar a este fato? É que, tendo sido atingidos, bem como o resto do auditório, por esta simpatia magnética, por este agitar do éter ou de ondas vibratórias, e tendo o seu corpo e cérebro respondido a estas vibrações, eles deixaram-se, temporariamente, dominar pela ação magnética do orador.

Este exemplo é simplesmente destinado a mostrarlhes o que eu entendo por esta matéria astral e a maneira pela qual ela é posta em vibração pelas correntes magnéticas. Pensem um momento na matéria astral, sob o ponto de vista teosófico, como interpenetrando e envolvendo o nosso mundo; e depois, transportem-se pelo pensamento a um matadouro. Tentem, pela imaginação, se puderem – no acaso de não terem ainda tido o infortúnio de ver um na realidade – notar as paixões e as emoções que ali surgem, não no homem que mata, e do qual não me ocuparei por ora, mas nos animais sacrificados! Notem o terror que os fere quando sentem o cheiro de sangue!

Vejam o sofrimento, o temor, o horror em que eles se debatem para escapar aos caminhos desviados por onde os arrastam! Sigam-os até o matadouro, se tiverem coragem para isso; olhem quando forem mortos;[43] depois deixem a sua imaginação andar um passo mais, ou se possuirem o poder sutil de perceber as vibrações astrais, olhem e lembrem do que veem: imagens de terror, de medo, de horror, quando a vida é brutalmente arrancada do corpo e quando a alma animal, com todo o seu terror e horror, entra no mundo astral para aí ficar, por um lapso de tempo considerável, antes de se desagregar e morrer. Lembrem-se de que por toda a parte onde ocorre essa matança de animais, cria-se um foco favorável a todas estas paixões de horror e terror, e estas se refletem no mundo material, refletem-se no mental humano, e quem é sensitivo, quando se aproxima da vizinhança de um destes lugares, vê e sente estas terríveis vibrações que o fazem sofrer e adivinhar de onde vêm.

Agora, imaginem-se indo a Chicago. Tomo este exemplo porque é um ponto onde eu própria senti esse efeito. Chicago, como vocês sabem, é essencialmente um lugar de carnificina e é, julgo eu, a cidade que possui os instrumentos mais aperfeiçoados que o engenho humano pôde descobrir para matar os animais, o que é efetuado em grande escala por meio de máquinas, e onde milhões de criaturas são degoladas

---

[43] Muitos destes animais que sobrevivem, ficam chorando. Muitos dos animais abatidos são, na verdade, apenas desacordados e carneados vivos. (N. E.)

todas as semanas.[44]

Ninguém que seja um pouco sensitivo, e muito menos, se por meio de treino tiver despertado alguns dos sentidos internos, pode passar, não só por Chicago, mas até mesmo a algumas milhas dessa cidade, sem ter consciência de um profundo sentimento de depressão que o leva a recuar como diante de qualquer coisa impura, um sentimento de horror que não é logo facilmente reconhecido, e cuja origem não é imediatamente definida. Só falo do que conheço por minha experiência própria.

Um dia, lendo, como de hábito, no trem que me conduzia a Chicago, sucedeu-me um fato. A uma distância considerável da cidade – porque Chicago ocupa uma enorme extensão da qual não faz ideia, sequer aproximada, o estrangeiro que ali vai pela primeira vez, e porque é preciso muito mais tempo do que se pensa para chegar ao centro da cidade – sentada, tranquilamente no meu compartimento, senti-me repentinamente invadida por um sentimento de opressão; não o reconheci imediatamente porque o meu pensamento estava ocupado noutra coisa, mas essa opressão aumentou tão fortemente que comecei a procurar a causa e depressa encontrei a razão. Lembrei-me de que ia atravessando o grande matadouro dos Estados Unidos.

---

[44] Este texto é do início deste século, resultante de uma palestra provavelmente realizada em Londres em torno de 1920. (N.E.)

Era como se passasse sobre uma mortalha de escuridão e miséria, este efeito psíquico ou astral produzindo, por assim dizer, uma espécie de véu que cobria toda esta imensa cidade.

Para aqueles que conhecem algo do plano astral, esta matança constante de animais toma um caráter muito grave e, além de todas as outras razões que podem ser invocadas para elucidá-la, o espalhar contínuo destas influências magnéticas de temor, de horror, de cólera, de ódio e de vingança, atua sobre as criaturas que aí vivem, e tende a torná-las mais grosseiras, a degradá-las e a poluí-las.

Não é só o corpo que é poluído pela carne dos animais; são as forças mais sutis do homem que entram também na área desta corrupção, e uma muito grande porção do lado grosseiro da vida pública, do lado grosseiro da vida daqueles que estão implicados na matança vem diretamente do mundo astral, e a totalidade deste terrível protesto provém das vidas retiradas dos animais sacrificados. Disse eu que estas considerações estão fora daquelas respeitantes aos homens que abatem, mas não seria justo considerar também o seu caso, quando tratamos a questão da alimentação carnívora?

Esta claro que não poderíamos, eu e vocês, comermos carne sem que nós próprios matássemos um animal ou encarregássemos disso outra pessoa; somos, portanto, diretamente responsáveis pela degradação, pouca ou muita, causada no caráter dos homens aos quais impomos esta horrível tarefa, e isto porque somos muito delicados e muito apurados em requintes de finura para, pessoalmente, cumprir tal tarefa.

Olhemos agora a classe dos abatedores. Imagino que ninguém pensará que seja uma profissão que, de vontade própria, se possa escolher; pois, por pouco culto e educado que seja um homem – o mesmo sucederá à mulher (porque não vejo razão para excluir as mulheres, desde que se somam ao grande contingente de pessoas que consomem carne) – presumo que poucos, homens e mulheres, iriam de vontade própria agarrar o carneiro ou o boi e matá-lo por suas próprias mãos, para depois dele se alimentarem. Admite-se que este ato produza, sobre a pessoa que o pratica, uma certa influência, contribuindo para torná-la mais grosseira. Esse fato está de tal forma reconhecido pela lei que, nos Estados Unidos – ignoro se aqui existe a mesma lei –, não é permitido a um abatedor fazer parte de um júri, num caso de homicídio; e não lhe é permitido tomar parte em um julgamento desta natureza, simplesmente porque o seu contato contínuo com o matadouro é considerado como propício a embotar a sua sensibilidade quanto a esse aspecto; e é assim que, em todo o território dos Estados Unidos, nenhum açougueiro ou matador de gado é admitido a tomar parte, como jurado, num processo de homicídio.

Esta lei não se limita aos Estados Unidos, mas ignoro se também existe na Inglaterra. Isso é muito claro e definido. Em uma cidade como Chicago, pode-se constatar que o número de crimes cometidos por estes homens empregados nos matadouros é maior do que por aqueles que pertencem a outras profissões, e que o emprego da faca é aqui muito mais comum; isso tem sido assunto de muitas observações. Falo de fatos colhidos em Chicago. Foi observado que este uso da faca apresentava uma particularidade: o golpe dado durante um ataque de cólera pelos degoladores treinados e invariavelmente fatal, porque, instintivamente, dão o impulso específico ao qual estão continuadamente habituados na sua matança diária de animais.

É um fato reconhecido em Chicago, mas isso parece-me que não implica, no espírito das pessoas, responsabilidade moral alguma pela parte que lhes compete na evolução deste tipo de seres humanos verdadeiramente desgraçados. O mesmo sucede sempre que se abatem animais, tanto nessa cidade, como em qualquer outra parte.

Vocês nunca consideraram, como regra de ética, que não têm o direito de se eximir de um trabalho que não estão dispostos a fazer, e que, para sua própria vantagem, encarregaram outrem desse trabalho?

É muito justo que uma senhora da sociedade, fina e requintada, se revolte ante a ideia de ir tomar chá, por exemplo, com um homem que tem como profissão o abate, e que ela, tão altiva da sua finura e da sua delicadeza, sinta repulsa pelo fato de o receber em seu salão, ou conviver com uma tal pessoa *tão grosseira e tão pouco atraente*; e isso por quê? Porque afinal, para que ela se alimente de carne, para que o seu apetite seja satisfeito, ela incumbe outra criatura de cumprir um ato que o torna grosseiro e brutal e do qual, na sua finura, ela se esquiva, não hesitando, apesar disso, para sua própria satisfação, de beneficiar-se da brutalidade do seu semelhante.

Pois bem! Atrevo-me a dizer que, se alguém pretende comer carne, deve ele próprio matar o animal, e que não há o direito de causar a degradação de outrem por um trabalho desta natureza. E que não se diga que, caso se abstenham, a matança não deixará de continuar da mesma maneira. Não é desta forma que se foge a uma responsabilidade moral.

Cada pessoa que come carne endossa, pessoalmente, uma parte de responsabilidade pela degradação dos seus semelhantes. Se é verdade que o mundo é regido por uma Lei, se é verdade que a Lei predomina não somente no mundo físico, mas também nos mundos astral, mental e espiritual, então, cada criatura participante num crime deve igualmente participar na penalidade decorrente desse crime, e, assim, a sua própria natureza revestir-se-á de um caráter de brutalidade intrínseca a esse ato e da participação nos resultados que daí provém.

Um outro ponto sobre o qual o homem incorre em uma outra responsabilidade, fora daquela relativa à classe dos matadores de gado e açougueiros, é o sofrimento derivante do uso de alimentos em cuja composição entre a carne,[45] e que é inevitável pelo próprio fato de se sustentarem, assim, da carne de animais dotados de sensibilidade. Não são apenas os terrores do matadouro, mas, ainda, os horrores preliminares do transporte em trens e em navios, a privação de alimento, a sede, as longas experiências de terror[46] que estes desafortunados seres têm de sofrer para a satisfação do apetite do homem.

Se disso querem fazer uma ideia, assistam ao desembarque de um navio e verão o medo, o sofrimento revelarem-se na expressão destas pobres criaturas que, afinal, são nossos irmãos, embora menos evoluídos.

---

[45] Ou outros subprodutos decorrentes do abate de animais, tal como a banha, o tutano, o colágeno etc., em alimentos como a gelatina, a margarina, algumas massas e produtos industrializados. (N.E.)

[46] Além de todos os outros tratamentos "desumanos" a que geralmente são submetidos, como a permanência em currais restritivos, a separação das famílias, a administração de hormônios e outros medicamentos, os maus tratos em geral. (N.E.)

Sustento que vocês não têm o direito de infligir estes sofrimentos, os quais são uma dívida contra a humanidade, que diminui e retarda em massa o progresso humano; porque vocês não podem separar-se assim do mundo, não podem isolar-se e prosseguir a sua evolução, espezinhando os outros seres. Aqueles em quem vocês pisam, retardam o seu adiantamento. O mal que causam é, por assim dizer, a lama que se agarra aos seus pés quando quiserem se elevar, porque devemos elevar-nos juntos ou cairmos juntos, e o mal que fazemos a seres sensíveis retarda a nossa evolução humana e torna mais lentos os progressos da humanidade para o ideal que ela procura realizar.

O Objetivo na Vida e a Purificação do Corpo, das Emoções e dos Pensamentos

Considerando a questão sob este amplo ponto de vista, desprendemo-nos de todas as considerações menores, sobre as quais se baseia a discussão de todas as questões em que se pergunta se a carne é ou não nutritiva, se é salutar ou nociva ao corpo humano e, fundamentalmente, assentamo-nos sobre esta base sólida: que nada do que retarda o crescimento e o progresso do mundo, nada do que aumenta os seus sofrimentos, nada do que engrandece a sua miséria, nada do que se opõe à sua evolução para formas de vida superiores, pode ser justificado, ainda que pudesse ser demonstrado que o vigor do corpo físico do homem se acentua por seguir esta prática. Portanto, temos aqui um ponto onde firmar a nossa argumentação. Podemos agora prosseguir, se quiserem, e demonstrar que, positivamente, o corpo físico para ser vigoroso não carece deste gênero de alimentação; mas tomo, de preferência, um sólido ponto de apoio sobre um terreno mais elevado: quero dizer, na evolução de natureza mais elevada em geral, e sobre a harmonia do mundo que o homem tem o dever de aumentar e, finalmente, de tornar perfeita.

Notem sobre todos estes pontos, eu fiz argumentações sem incluir até aqui o indivíduo que come carne, por assim dizer, fora do que diz respeito ao indivíduo que come carne. Por consequência, se louvo a abstenção da carne, não é em vista do desenvolvimento pessoal, do aperfeiçoamento pessoal, do progresso pessoal. Coloquei a questão sobre a base mais elevada do dever de compaixão, do altruísmo, sobre estas qualidades essenciais que marcam a evolução mais elevada do mundo.

Contudo, não temos o direito de nos voltar para o indivíduo e de considerar o alcance que pode ter apenas para ele próprio, no seu corpo, na sua inteligência, no seu crescimento espiritual, esta questão de se sustentar de carne ou de se abster.

Isso tem, na verdade, um verdadeiro e importante alcance no que diz respeito ao corpo, se o considerarem como instrumento do Espírito. É, portanto, da maior importância saber que gênero de alimentação devem fornecer a esse corpo cuja manutenção lhes pertence.

Aqui os ensinamentos teosóficos intervém e consideram: este corpo que a alma habita é algo muito efêmero; é composto de minúsculas partículas, sendo cada uma, uma vida[47], e estas vidas mudam continuadamente, passando de um corpo a outro, de sorte que temos, por assim dizer, uma grande corrente de partículas indo dos nossos corpos aos outros[48] e afetando-os quando caem sobre eles, influenciando-os para o bem ou o mal.

A ciência, não o esqueçam, acabará também por reconhecer este fato como uma verdade. Estudando as doenças, a ciência constatou que são incessantemente propagadas por estes minúsculos organismos, a que chama micróbios; ela ainda não reconheceu que

---

[47] Tais "minúsculas partículas" podem ser entendidas, à luz dos conhecimentos científicos atuais, como os átomos; e como do ponto de vista da Filosofia Esotérica não existe matéria morta, daí resulta considerarmos que todo átomo é algo vivo (não do ponto de vista biológico, mas metafísico). (N.E.)

[48] A autora, com notável visão, antecipa as teorias hoje vigentes na Física, que mencionam a incessante troca de átomos entre todas as coisas, sejam elas consideradas, academicamente, vivas ou não. Dessa forma, atualmente, sabe-se que toda constituição atômica de um corpo físico humano é totalmente substituída ao fim de cerca de seis anos. (N.E.)

o corpo é completamente constituído por estas pequenas criaturas vivas[49] que vão e vêm durante o decurso da nossa vida inteira, que formam hoje o nosso corpo, amanhã o de um outro, indo e vindo continuamente, estabelecendo assim uma mudança constante entre os corpos de homens, de mulheres, de crianças, de animais e assim por diante.

Agora, supondo por um instante que considerem o corpo sob este ponto de vista: em primeiro lugar, surge de novo a sua responsabilidade em relação aos seus semelhantes. Estas pequenas vidas que entram na construção do seu corpo tomam a marca que vocês lhes imprimem quando são vocês, vocês as alimentam e as mantêm e isso afeta as suas características; vocês lhes dão uma alimentação pura ou nociva; as envenenam ou lhes dão saúde, e, à medida que as sustentam, elas se separam de vocês e transportam do seu corpo ao alheio essas características que lhes têm imprimido, enquanto elas viveram a vossa custa; portanto, segue-se que aquilo que o homem come ou bebe, importa tanto à comunidade da qual ele é um fragmento, como a ele individualmente. E se todos nós, no que comemos ou bebemos, não diligenciarmos ser puros, moderados e sóbrios, iremos nos tornar focos de males físicos na

---

[49] Mais uma vez aqui, poderíamos entender que a autora se refere aos átomos físicos como metafisicamente vivos e como entidades que possuem um percurso de evolução própria. Vide *Os Sete Princípios do Homem*, da mesma autora. (N.E.)

esfera que ocupamos e tenderemos a envenenar os homens, nossos irmãos, e a restituir-lhes a sua vitalidade menos pura do que devia ser.

Aqui intervém a grave responsabilidade da alimentação e da bebida. Está claro que a natureza do alimento afeta em uma larga extensão o organismo físico e fornece, por assim dizer, um aparelho que aceita ou repele uma qualidade qualquer. As qualidades residem na alma, verdade seja dita, mas são manifestadas através do cérebro e do corpo, e, portanto, os materiais de que o cérebro e o corpo são constituídos têm uma importância considerável, porque, assim como a luz que atravessa vitrais de cor se colore e deixa de ser branca, assim as qualidades da alma, aluando através do cérebro e do corpo, tomam um pouco das suas qualidades e manifestam a sua natureza pelas características desse cérebro e desse corpo.

Se, por um momento, observarem os animais inferiores, vocês acharão que o caráter que manifestam está em relação com a qualidade da sua alimentação.

Mais ainda: se fizerem a experiência com um cão, constatarão podê-lo tornar manso ou feroz, segundo a alimentação que lhe derem. Ainda que seja profundamente verdadeiro que o homem é muito menos sujeito ao domínio do corpo físico do que o animal, embora seja perfeitamente exato que o animal é mais sensível às influências exteriores do que o homem, cuja vontade é mais forte e, por isso, capaz de tomar determinações, não é menos verdade que, desde o momento que o homem tem um corpo e que não pode atuar no mundo material senão por meio deste corpo, ele torna a sua tarefa mais fácil ou mais difícil, no que diz respeito às faculdades da alma, segundo a natureza do instrumento físico que esta alma é forçada a empregar para as suas manifestações no mundo exterior.

E se, sustentando o seu corpo, o homem alimenta essas pequenas vidas com as quais ele é construído com alimentos que põem em atividade as paixões dos animais inferiores e a sua mais baixa natureza, então, edifica um corpo mais grosseiro e mais animalizado, mais apto a responder aos impulsos animais e menos apto a responder aos impulsos superiores do Espírito, porque, quando para a construção do seu próprio corpo, ele toma estas vidas minúsculas dos corpos dos animais inferiores, ele fornece, assim, como instrumento à sua alma, um veículo que vibra tanto mais facilmente aos impulsos animais.

Não é já bastante difícil crescer em pureza de pensamento? Não é já bastante difícil dominar as paixões do corpo? Ser sóbrio na alimentação, na bebida, e em todos os apetites que são do domínio físico? Porventura a alma não tem já uma tarefa bastante pesada a cumprir para que lhe tornemos ainda mais pesada, poluindo o instrumento com o qual ela deve trabalhar, fornecendo-lhe materiais que não responderão aos seus impulsos elevados, mas a todas as paixões vis da natureza inferior, às quais está acorrentada?

Assim, se recordarem que, ao comer carne, fortalecem essas paixões animais e baixas e imprimem sobre as moléculas do seu próprio corpo o poder de responder no mesmo tom, deverão certamente treinar e purificar o seu corpo, e não estimulá-lo continuadamente a manter-se responsivo às vibrações pertencentes ao reino animal. E, à medida que procederem daquela maneira, enviarão essas vibrações inferiores, como seus embaixadores, aos homens, seus companheiros, e tornarão, assim, a tarefa mais árdua possível, induzindo essas pequenas vidas para o mal e não para o bem; e é assim que, pelo acréscimo das moléculas vibrantes em resposta às paixões inferiores, é entravada a tarefa de todo aquele que pretenda elevar-se espiritualmente.

E, ao mencionar o abuso mais terrível – o do álcool, que atua como um veneno ativo volatizando-se de todos aqueles que o absorvem – nós estamos, na verdade, também com a razão quando asseguramos que isso leva à animalização do corpo humano, porque, de fato, também a alimentação com cadáveres, em vez de espiritualizar e purificar esse corpo, faz com que ele estacione no nível mais baixo da humanidade, por esta sua degradação constante.

Qual é o seu objetivo na vida quando atentam refletidamente para a evolução da alma que reside em vocês? Por que estão aqui? Por que vivem? Uma só atitude pode justificar a vida do homem, uma só atitude pode responder ao que existe de mais nobre nele, e lhe dá o sentimento de satisfação do dever cumprido: é quando ele faz da sua vida uma oferta constante de auxílio ao mundo, e quando cada instante da sua vida é consagrado a tornar o mundo melhor pela sua presença, e não pior. Pela sua alma, pelo seu pensamento e pelo seu corpo, o homem é responsável pelo emprego dado à sua vida.

Nós não podemos nos separar dos nossos irmãos, não o devíamos mesmo querer, se fosse possível, porque este mundo eleva-se lentamente no caminho que conduz a um ideal divino, e cada alma que reconhece este fato devia prestar o seu concurso, à ascensão, do mundo.

Vocês e eu, ou bem nós, ajudamos o mundo a elevar-se ou então o empurramos para baixo; cada dia da nossa vida é destinado a insuflar nele uma força que o ajuda a subir ou então a erguer-lhe entraves no seu progresso ascencional; e toda a alma verdadeira desejará ser um auxílio e não um entrave, ser uma origem de bênção e não de maldição, estar entre aqueles que levantam o mundo e não entre aqueles que o aviltam.

Toda a alma verdadeira terá este desejo, seja ou não

suficientemente forte para traduzir o seu desejo em ação. E não devemos, finalmente, colocar diante de nós como ideal essa sublime concepção de auxílio e censurarmonos cada vez que falhamos, seja pela alimentação do corpo, seja no aperfeiçoamento espiritual?

Porque, parece-me que, considerando o homem à luz da teosofia, tudo em que a vida mereça a pena ser vivida é esta cooperação com a Vida divina na Natureza, que molda gradualmente o mundo, seguindo uma imagem mais nobre e que contribui para fazê-lo maior e a aproximar-se cada vez mais de um ideal perfeito.

Se pudermos conseguir do homem e da mulher uma concepção semelhante, se pudermos fazer-lhes compreender que têm um tal poder à sua disposição, se quiserem reconhecer esta força divina neles imanente para ajudar a formação de um Mundo, para tomar parte na evolução de um Universo; se reconhecerem que o progresso do Universo depende deles, que a evolução do mundo depende deles e que, se não quiserem auxiliar, a própria Vida divina não pode encontrar instrumentos para funcionar no plano material; se eles quisessem reparar nisso, então, a despeito das suas quedas múltiplas, a sua força ficaria sempre voltada para as coisas superiores; e, apesar dos seus erros numerosos, das suas faltas, das suas fraquezas, manter-se-iam na boa direção, os olhos fixados no ideal a cuja realização aspiram ardentemente.

Assim, tanto pelo corpo, como pelo Espírito, no trabalho que cumprirem no mundo interior pela força e no mundo exterior pela ação, a única ideia diretriz será: "Irei eu, por este ato ou este pensamento, tornar o mundo melhor ou pior? Irei contribuir para o elevar ou para o rebaixar? Irei ajudar os meus irmãos ou embaraçá-los, ou ainda atrasá-los? O poder da minha alma servirá para elevar ou para rebaixar?"

Se este pensamento se tornasse a força dominante na vida, mesmo que por momentos fosse esquecida, e falhando por vezes ao seu cumprimento, a alma renovaria o seu esforço, e recusaria ceder por muitas vezes ter falhado.

Se todos pudermos proceder e pensar nesta linha, e auxiliar os outros no mesmo sentido, então o sofrimento desaparecerá da Terra, os gemidos, a angústia e a miséria dos seres dotados de sensibilidade serão diminuídos, e, então, o amor no homem, tornado UM com a Lei divina, irradiará através do mundo e será o elemento a ajudar, a fortalecer e a embelezar o homem.

Quem quer que oriente as suas energias nesta direção, quem quer que purifique o seu pensamento, o seu corpo, a sua vida, é um colaborador da Vida interna do mundo; e o seu desenvolvimento espiritual será a recompensa dada à obra que ele produz para auxílio do mundo.

Maiores informações sobre Teosofia e o Caminho Espiritual podem ser obtidas escrevendo para a **Sociedade Teosófica no Brasil** no seguinte endereço: SGAS - Quadra 603, Conj. E, s/nº, CEP 70.200-630 Brasília, DF. O telefone é (61) 3322-7843. Também podem ser feitos contatos pelo fax (61) 3226-3703 ou e-mail: st@sociedade teosofica.org.br site: www.sociedadeteosofica.org.br.